Have a good life with
OZABU

蔭山はるみ
HARUMI KAGEYAMA

ダンボール織り機で、手織りざぶとん

フサフサ、もこもこの
あったか糸から、
裂き織りや自然素材の
夏仕様まで

誠文堂新光社

Introduction

　これって、手編みじゃなくて手織りで作ったら、どうなるかのなあ？

　ここ数年、続々登場している手編みのざぶとんの本を見ていてふとそう思ったのが、興味を持ちはじめたきっかけ。正直なことを言うと、それまではざぶとん自体、あまり気になる存在ではなかったんです。ところが……。

　一度意識しはじめると不思議なもので、ちょっと気になる素材や雑貨を見るとすぐざぶとんに直結。そしてあーでもないこーでもないと頭の中でアイデアがグルグル……。同時に、さぶとん自体への認識も変わっていきました。

　ざぶとんって聞くと、昔ながらの大きくてボテッとした、ちょっとベタな姿を想像してしまいますよね。でも、親しみを込め、省略して"おざぶ"って呼ぶと、違うイメージが浮かんでくる。サイズも形も、厚みも素材も、別に従来のざぶとんと同じじゃなくてかまわない。床の上だけじゃなく椅子やソファー、車の中など、どこでどう使うかも自由。どこかクッションにも似た存在として使えたら、暮らしのなかでもっと楽しめそう。そんなおざぶを作りたいなあ、って。

　今、ごらんになっている本書は、まさしくその思いが形になったもの。そして本のタイトルでもおわかりの通り、どれも全部ダンボールの織り機で作られています。ダンボール織りなら誰でも手軽にはじめられるし、熟練者はもちろん、初心者さんやぶきっちょさんだって大丈夫。私と一緒に、新しいおざぶの世界、楽しみましょう！

ANIMAL TROPHY

Hande und Stitch

ANIMAL TROPHY

Hande und Stitch

What is a cardboard handloom?

ダンボール織り機について

ダンボールの織り機って、なに？ どんな形をしているの？ この本で初めてダンボール織り機と出会う方にとっては、気になるところですよね。

ダンボール織り機は読んで字のごとく、ダンボールで作った織り機。これを使って織る手法を、ダンボール織りと呼んでいます。一般的な手織りと基本は同じですが、本格的な織り機がなくても、誰でも気軽にラクに手織りが楽しめるところが魅力。織り機自体も身近な道具を使ってほんの少しダンボールを加工するだけで、簡単に作れます。しかも織り機の種類は、ひとつではありません。

たとえば、ダンボール箱のフタの部分を利用して作った"テーブル織り機"は、マフラーやストールなど長さが欲しいアイテムを作りたいときに。箱の形を利用した"はこ織り機"は、織りあがって織り機からはずすと、すでに筒状に織りあがるという特徴を利用して、レッグウォーマーやスヌード作りにetc。作りたいアイテムに合わせて使い分けができるようにと考え、提案するうちにどんどん増えて……今や、その数も10種類以上になりました。

今回、本書に登場するのは、それとはまた違うバージョン。さまざまなサイズや形、デザインのおざぶに対応できるよう、これまでの織り機を改良したり、新たな形を考えたりして、今回初お披露目となりました。まずは作りたいおざぶに合った織り機作りからスタート。織りの作業を楽しみながら、その使い心地を体験してみてください。

Contents

2   Introduction

3   ダンボール織りについて

A   6   red and latin cross
レッド＆クロス

B   8   vanilla white
バニラホワイト

C   10   double-weaving ozabu
blue bean
袋織りおざぶ
アオマメ

D   10   double-weaving ozabu
salmon carrot
袋織りおざぶ
サーモンキャロット

E   10   double-weaving ozabu
sprout
袋織りおざぶ
スプラウト

F   12   fluffy macaroon
もこもこマカロン

G   14   lollipop
ペロペロキャンディー

H   15   pastel flower
パステルフラワー

I   16   ozabu with
woven patterns
diamond
模様織りおざぶ
ダイヤ

J   18   ozabu with
woven patterns
uneven
模様織りおざぶ
デコボコ

K   19   ozabu with woven
patterns
chevron
模様織りおざぶ
山形

L   20   coil weaving ozabu
巻き織りおざぶ

M   22   X X texture ozabu
GRAY
××織りおざぶ
グレー

M   23   X X texture ozabu
RED
××織りおざぶ
レッド

N   24   ozabu of
the natural material
indigo
自然素材のおざぶ
インディゴ

O   25   ozabu of
the natural material
ash
自然素材のおざぶ
アッシュ

34 X  mixture bubble
ミックスバブル

26 P  natural material and cloth
自然素材と裂き布の
コンビおざぶ

35 Y  with a nut and a dusk color
木の実と黄昏色で

27 Q  ozabu of the gingham check
ギンガムチェックの
裂き織りおざぶ

36  ozabu of mouton and fur sunset
ムートン&ファーおざぶ
サンセット

28 R hand knotted ozabu greek closs
ノット織りおざぶ
十字

37 Z ozabu of mouton and fur bambi
ムートン&ファーおざぶ
バンビ

29 S hand knotted ozabu geometric letter
ノット織りおざぶ
幾何学文字

Let's make and weave a CARDBOARD HANDLOOM!
織り機を作って織ってみましょう！

30 T  ozabu of cloth and woolen collaboration blue & white
布と毛糸のコラボおざぶ
ブルー&ホワイト

38　ダンボール織りに必要な道具たち

40　織り機に使うダンボールの選び方

41　今回登場する織り機は、この3種類

Lesson 1
42　スーパーいた織り機

31 U ozabu of cloth and woolen collaboration khaki & light gray
布と毛糸のコラボおざぶ
カーキ&ライトグレー

Lesson 2
50　サークルいた織り機

Lesson 3
54　バッテン織り用いた織り機

Lesson 4
アレンジ織りいろいろ

32 V soft cocoa bread
ふわふわココアブレッド

57　スーパーいた織り機で、袋織り
61　スーパーいた織り機で、ノット織り
64　サークルいた織り機で、巻き織り
67　おざぶをもっと楽しむために

33 W  colorful ozabu of the + felt
＋フェルトの
カラフルおざぶ

HOW TO MAKE
材料と作り方

69

赤と白2色を使って、国旗風にデザインしました。ぶ厚くもなく薄くもなく、程良い厚みに織りあげたのでソファに椅子、じゅうたんの上など、場所を選ばずマッチして使いやすいのが魅力。野外のスポーツ観戦などにも、かわいいお供として役立ってくれそうです。

>>> 材料と作り方は70ページ

vanilla white
バニラホワイト

超超極太の原毛フェルトから、プクプクもこもこetc……。いろんな形状と太さの白い糸ばかりを組み合わせて、ちょっと横長に仕上げてみました。白は汚れが目立つけれど、1枚あると部屋のムードも自分の気持ちもフワッと優しくしてくれるところがいいですね。

>>> 材料と作り方は71ページ

ごらんのおざぶたち、一枚仕立てのように見えますが、実は袋状。織りあがって織り機からはずすと、すでに袋の形になっているという"袋織り"で作っています。おざぶの場合、細めの糸は使いづらいのですが、この方法なら厚みが出せるので大丈夫。中にマットやクッションを入れればさらに厚みを出すこともできるので、なかなか便利に使えます。糸端を生かしたフリンジとボタンをあしらったデザインも、かわいいでしょ？

>>> 材料と作り方は72〜74ページ

double-weaving ozabu
袋織りおざぶ

中にクッションを入れると、おざぶからクッションに変身！ 袋口にボタンをつけておけば中が見えることもないしデザインのアクセントにもなって一石二鳥。

C
blue bean
アオマメ

D
salmon
carrot
サーモンキャロット

E
sprout
スプラウト

fluffy macaroon
もこもこマカロン

織り機の形を丸く作れば、まあるいおざぶも簡単に作れます。これは、超超極太＆ひも状の原毛フェルトをよこ糸にザクザク織っていくので、1時間もあれば余裕で1枚作れます。いろんな色で作ってソファーに椅子に床に…と自由に使い回すと楽しい。

>>> 材料と作り方は75ページ

lollipop
ペロペロキャンディー

よこ糸は前ページと同じ原毛フェルトですが、こんな風に段ごとに色を変えて織るとグッとカラフルに！ こんなおざぶが1枚あるだけで、お部屋がパッと明るくなっていつでも元気でいられそうですね。個人的にはちょっとおいしそうなところも（笑）お気に入りです。

>>> 材料と作り方は76ページ

pastel flower
パステルフラワー

織り機のサイズを小さくすれば、モチーフを
数枚織って、それをつなぎ合わせて…といっ
たデザインのおざぶも作れます。これは直径
12cmの織り機で9枚作り、花をイメージして
つなげたもの。見た目より簡単なので、手織
り初心者の方も、ぜひトライしてみて。

>>> 材料と作り方は77ページ

ozabu with woven patterns
模様織りおざぶ

模様織りと聞くと、なんだかとっても大変そうに思われるかもしれませんね。確かに糸が細いと大変ですが、極太の糸の場合は案外スムーズ。それもたて糸に麻ひも、よこ糸に毛糸と素材の違う糸を合わせ、毛糸同士よりも織りやすくしました。ぜひ挑戦してみて！

>>> 材料と作り方は78ページ

diamond
ダイヤ

J

ozabu with woven patterns
模様織りおざぶ

uneven
デコボコ

こちらは、綿コードの太ヒモと超極太の毛糸の組み合わせ。前ページのおざぶより細かい模様ですが、単純＆規則的なので、慣れてくればサクサク作業できます。あまり厚手ではありませんが、お尻からジワジワくる寒さはしっかりシャットアウトしてくれます。

≫ 材料と作り方は79ページ

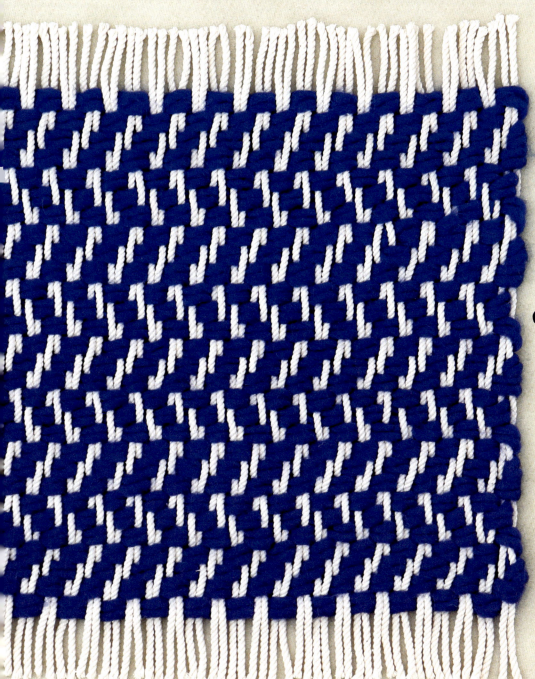

chevron
山形

ozabu with woven patterns
模様織りおざぶ

左ページと同じ糸でも、毛糸の色と模様を変えるだけでガラリと印象が変わります。こちらは、よこ糸の通し方（上下）を一段ずつずらしていくだけでできあがる、シンプルかつスタイリッシュなデザイン。あなたはどちらが好きですか？

>>> 材料と作り方は80ページ

L

coil weaving ozabu
巻き織りおざぶ

同じ丸型でも織り方を少し変えると全然違った雰囲気に。ごらんの3枚は、よこ糸をたて糸に巻きながら織る"巻き織り"というオリジナル手法で作ったもの。プクッと浮き上がったたて糸がチャームポイントです。厚みが出せるところもおざぶ作りにはうれしい利点。

≫ 材料と作り方は81ページ

GRAY
グレー

普通（平織り）は織り目が十字型に交差していますが、これは×状に交差している…ということでバッテン織り。個性的な織り地も魅力ですが、超超極太の糸を使い、針ではなく指で糸を通しながら織っていくその作業もまた楽しくて、魅力的なのです。

>>> 材料と作り方は82ページ

✕ ✕ texture ozabu
✕✕織りおざぶ
バッテン

RED
レッド

こちらも超超極太の別糸でバッテン織り。糸端がちょうど良い長さに余ったので、クルッとひと巻きしてフックなどに引っかけられるデザインに。左ページのおざぶ同様、革のタグをあしらってアクセントにしました。

>>> 材料と作り方は82ページ

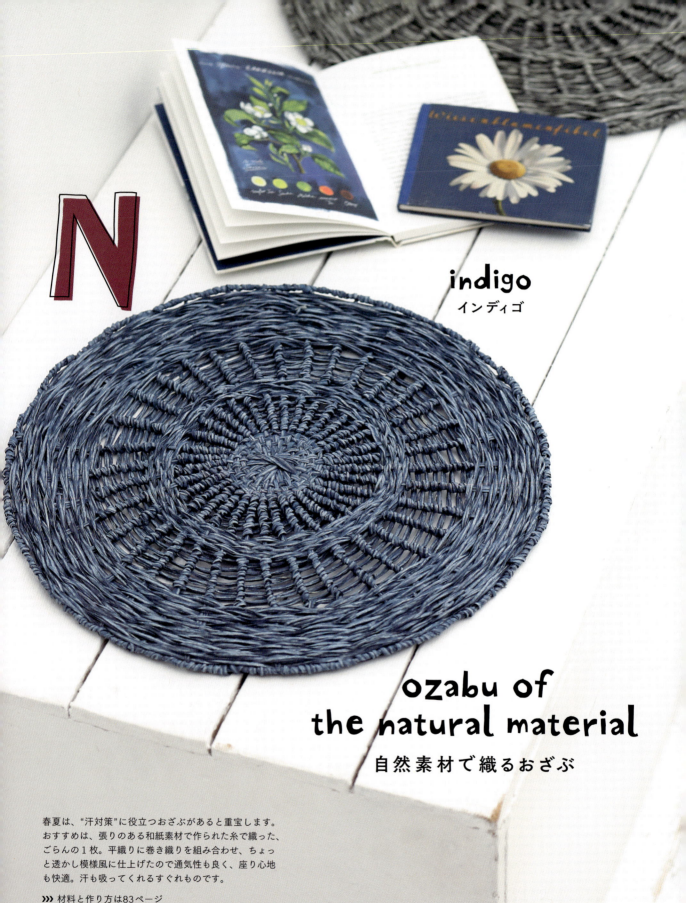

N

indigo
インディゴ

ozabu of the natural material
自然素材で織るおざぶ

春夏は、"汗対策"に役立つおざぶがあると重宝します。おすすめは、張りのある和紙素材で作られた糸で織った、ごらんの1枚。平織りに巻き織りを組み合わせ、ちょっと透かし模様風に仕上げたので通気性も良く、座り心地も快適。汗も吸ってくれるすぐれものです。

>>> 材料と作り方は83ページ

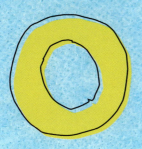

ozabu of the natural material
自然素材で織るおざぶ

ash
アッシュ

色違いの糸を使って、右ページのおざぶよりひとまわり大きいサイズに織りあげました。一見和風ですが、実は洋風のインテリアやフローリングにもしっくりなじみます。汚れや汗が気になったら、洗えるところもうれしい（左ページのおざぶも同様）。
≫ 材料と作り方は84ページ

natural material and cloth
自然素材と裂き布の コンビおざぶ

P

今度は、前ページと同じ色違いの糸と裂き布を組み合わせてみました。布は手持ちのハギレをボンドでアトランダムにどんどんつなげて利用。幅2cm程度あればOKなので、かなり小さな切れ端も活用できます。丸だけでなく、四角く織ってもおしゃれですよ。

>>> 材料と作り方は85ページ

季節を問わず1年じゅう使えるのが、裂き織りの良さ。おざぶにする場合は通常の裂き織りより裂き布の幅を広くとり、織り地に厚みを出すのがポイントです。私は一度作ってみたかったギンガム地で1枚。おざぶらしく、四隅にたて糸と同じ糸で房もつけてみました。

>> 材料と作り方は86ページ

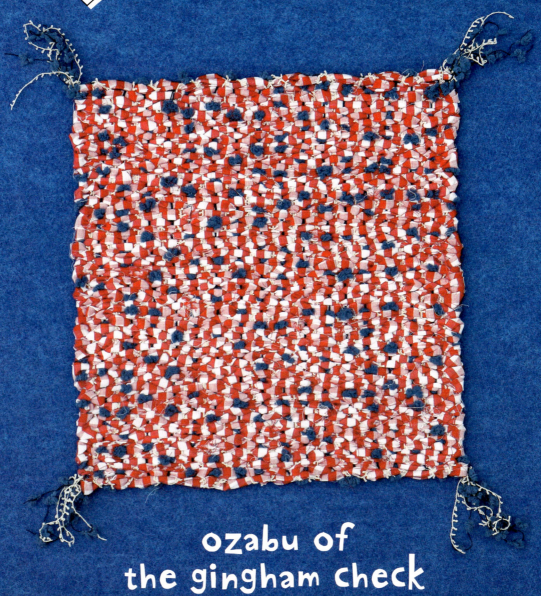

ozabu of the gingham check

ギンガムチェックの
裂き織りおざぶ

織るというより毛糸を結ぶようにして、たて糸の間を埋めるように織りあげていくノット織り。難しい技術が必要なようにみえますが、実は、作業自体は単純＆簡単。完成するまでちょっと時間はかかりますが、初心者の方でも、市販品に負けない1枚が作れますよ！

>>> 材料と作り方は87ページ

knotted ozabu
ノット織りおざぶ

R

greek closs
十字

hand knotted ozabu
ノット織りおざぶ

geometric letter
幾何学文字

模様織りの部分も図案に合わせて結ぶ糸の色を変えるだけ。シンプルで大胆な模様のほうが見栄えもするし、おしゃれに仕上がります。これは幾何学形でもあり、横から見ると英文字のHにも見えるというオリジナル模様。左の十字型と合わせ、北欧風で統一しました。

>>> 材料と作り方は88ページ

blue & white
ブルー & ホワイト

ozabu of cloth and woolen collaboration
布と毛糸のコラボおざぶ

裂き織りも無地1色で作ると単調で味気ない印象になりがち。そんなときはもう1色、それも布ではなく毛糸を組み合わせて織ると見た目も個性的でコントラストの効いたおざぶになります。毛糸はまっすぐなものよりモコモコした形状のファンシーヤーンがおすすめ。

>>> 材料と作り方は89ページ

布と毛糸が決まったら、あとはたて糸。すっきりまとめるなら左ページのように布と同系色で。ちょっぴり変化をつけたいなら、こんな風にまったく違う色を合わせ、糸目を引き立たせるように織ると、全体に動きが出て、ひと味違う織り地になります。

>>> 材料と作り方は90ページ

khaki & light gray
カーキ & ライトグレー

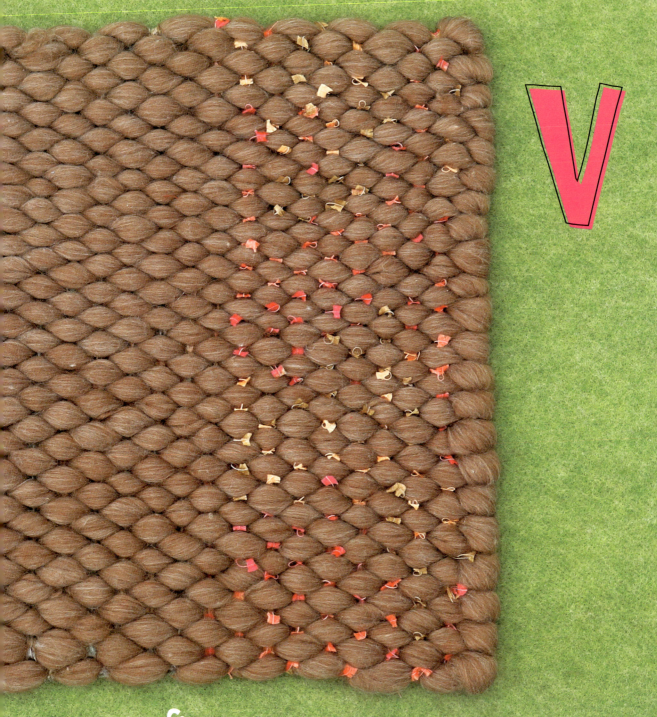

V

soft cocoa bread
ふわふわココアブレッド

超超極太のシンプルなよこ糸に、キラキラ光るカラフルなたて糸を合わせて、ガーリーなエッセンスをプラス。丈夫に使えるよう、しっかり詰めて織ったらせっかくのたて糸が見えづらくなったので、仕上げにステッチを加えて"キラキラ"を増量しました。

>>> 材料と作り方は91ページ

colorful ozabu of the + felt

＋フェルトのカラフルおざぶ

市販の織り機と違い、どんな素材でも織り糸に利用しやすいのもダンボール織り機の魅力です。フェルトだってテープ状にカットすればごらんの通り、たて糸として活躍！ その存在感に合わせ、周囲にグルッとフリンジをあしらって、デザインにも変化をつけました。

≫ 材料と作り方は92ページ

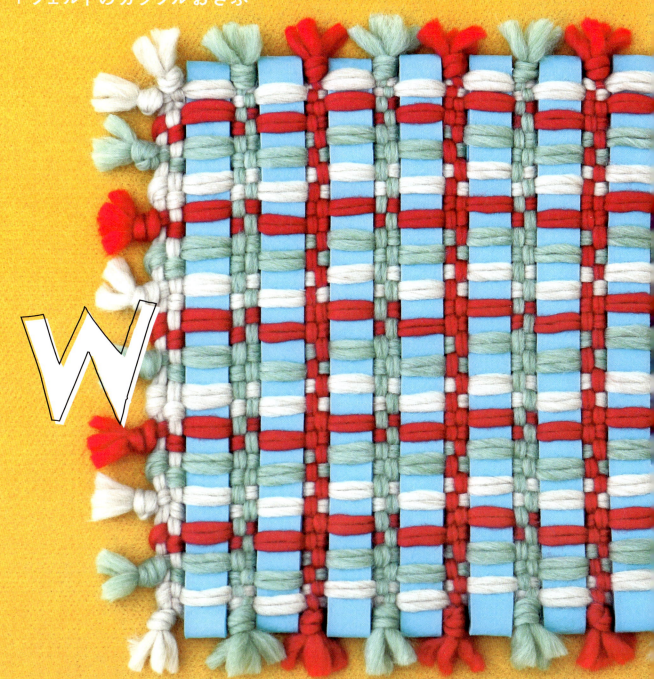

大中小3種類の織り機でモチーフを作り、水中をブクブク浮き上がってくる泡をイメージしながらつなぎ合わせてみました。毛糸を選ぶときは、まずメイン（写真の場合はミックスカラーの毛糸）を決め、同系色やアイボリーの糸を合わせるとしっくりまとまります。

>>> 材料と作り方は93ページ

mixture bubble
ミックスバブル

with a nut and a dusk color
木の実と黄昏色で

お気に入りのブルーの毛糸を眺めていて、何となく浮かんできたのが暮れゆく空の風景。ならば……と秋の木の実色の毛糸と合わせ、ダークで落ちついた雰囲気のおざぶにしてみました。10ページのおざぶ同様、袋織り仕立てなので、好みで厚みを調節して楽しめます。

>>> 材料と作り方は94ページ

Z

sunset
サンセット

ozabu of mouton and fur
ムートン & ファーおざぶ

フェイクファーやムートンなら縫っておざぶにできるけれど、そこをあえてひと手間。幅広にカットし、折りたたんで織ってみると、たてよこに交差する織り目がモコモコっと浮き彫りになって、縫ったときとはまったく違う独特の存在感。座り心地もなかなか良し。

»» 材料と作り方は95ページ

毛足の長いバンビファーで作ると、織りのひと目ひと目がなんだかジグソーパズルのピースみたいに。それをひとつひとつ並べて1枚にしたようなちょっと不思議で面白い仕上がりになりました。ファーをカットする際は必ずよこ糸は横、たて糸は縦方向にカットを。

>>> 材料と作り方は95ページ

bambi
バンビ

Let's make and weave a CARDBOARD HANDLOOM!

織り機を作って織ってみましょう！

Necessary tool & materials
ダンボール織りに必要な道具たち

思い立ったら、まずは道具集めからスタート。
本書に登場するダンボール織りの作業で
必要な道具をまとめました。

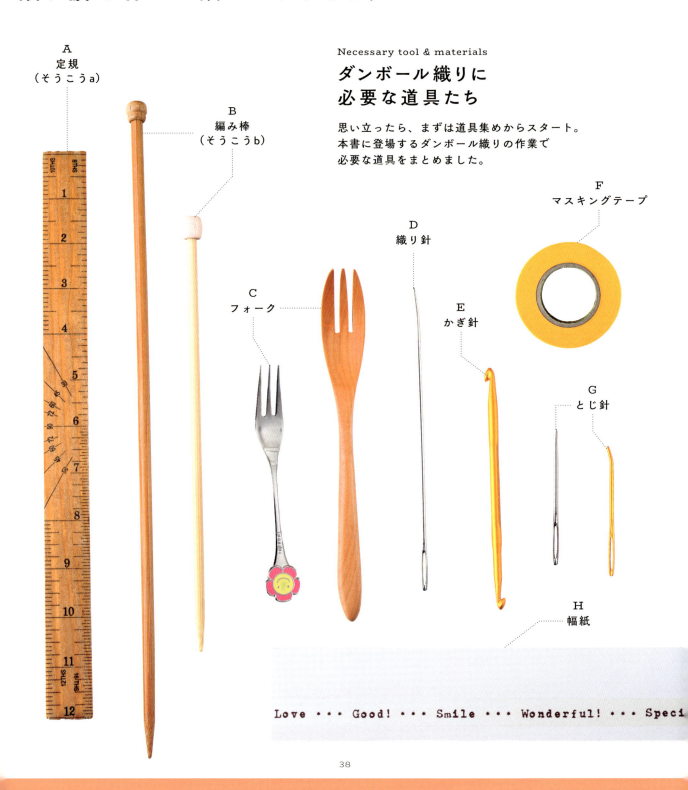

A 定規（そうこうa）
B 編み棒（そうこうb）
C フォーク
D 織り針
E かぎ針
F マスキングテープ
G とじ針
H 幅紙

A 定規（そうこうa）と
B 編み棒（そうこうb）

"そうこう"とは、よこ糸を通すとき、たて糸を交互に一本一本ひろう手間を省くための用具。スーパーいた織り機で作業するときに使います。定規は織り幅のサイズを確認するときにも使います。編み棒は、なければ菜箸でもOK。織り機の種類やサイズによっては、定規を使わず編み棒だけを数本使って作業する場合もあります。

C フォーク

織り目を詰めたり整えたりするときに使います。太めの糸で織る場合は木製を。裂き織りや細い糸を使う場合、また細かい織り目をしっかりと詰めたいときは、先が細い金属製がおすすめ。ざっくりと織る場合はフォークのほか、指を使って詰めてもOKです。

D 織り針

スーパーいた織り機で作業する際〜幅の広い面を織るときは、長めの織り針もあると便利。一度にたくさんのたて糸をすくえるので、手早く効率よく作業できます（写真はDARUMAのもの）。

E かぎ針

ダンボール織りでは仕上げの作業で活躍。たて糸とよこ糸端を始末する際、糸を引き抜いて織り地の裏側に出したり、織り目の間を通したりするのに使います。バッテン織りの作業では、よこ糸を通して織る際にも重宝します。7〜9号くらいのサイズが、どんな太さの糸にも使いやすくおすすめ。

F マスキングテープ

たて糸の端を織り機に貼っておいたり、糸以外の素材（リボンや革ひもなど）をたて糸に使う際、織り機に固定しておくのにも使います。粘着が弱いのではがしやすく、糸がベタつく心配もありません。本書では、テープの上に待ち針の間隔を記しておき、織り機の端に貼って、待ち針を刺す際の目盛り（メジャー）がわりにも使います。

G とじ針

本書に登場するすべての織り機で、よこ糸を通すときに使います。そのほか、ダンボール織り全般で糸の始末にも使います。おさぶ作りには、針穴が大きめの太番手用（10〜12号）のものを。針先が曲がった先曲げタイプも、糸をすくいやすくて便利です（写真はクロバーのもの）。

H 幅紙

フリンジに必要なたて糸の端の長さを取っておくと同時に、織りはじめと終わりのガイドライン（目安）となる厚紙のこと。フリンジをつけたおざぶを作るときに使います。織り機と同じ幅を目安に、好みのフリンジの長さ（5〜8cm）に合わせて厚紙をカットし、用意します。

\ こちらも、お忘れなく /
その他の道具と必須アイテム

仮止めクリップ

たて糸をセットした際、糸端がゆるんでこないようにとめたり、ダンボールに直接たて糸をかけて織るアレンジ版の織り作業の際には、織り機のダンボールとたて糸を一緒にはさんで、糸がはずれないようにガードするのに重宝。布地用のクリップですが、織り作業の際にも、細かいところに待ち針がわりに使えて便利です。1組10個入り／クロバー

布補修ボンド

ペースト状なので液だれがなく、自然乾燥もアイロン接着もOK。フリンジの始末や糸端を押さえるときには、こちらを。洗濯も可能／クロバー

> ボンドは布用を使い分けて

貼り仕事

アイロンの熱で強力接着できるボンド（アイロンなしでも使用可能）。裂き布を貼りつなげるときや、糸の結び目のほつれどめ、モチーフをつなぎ合わせる際の仮どめなどに。こちらも洗濯OK／クロバー

How to choose cardboard
織り機に使うダンボールの選び方

道具をチェックしたら、次は織り機を作るダンボール選び。
サイズどりと使い方にちょっとしたコツがあるので
作る前に確認しておきましょう。
もうひとつの必須材料、待ち針選びのポイントも合わせてチェック！

ここで必要サイズが
とれればベスト！

ドリンクや食品、事務用のものをはじめ、ふだんごく普通に見かけるダンボールはほとんどが使えます。作りたいサイズがカットできれば元の姿がどんな形でもOK。その際、箱のふた部分など折り目がついているところは、織り機にしてもすぐに折れ曲がってしまうので避け、平らな部分で必要サイズをとるのがベストです。
ただ、今回作る織り機はサイズが大きめなので、それが可能な大きさのものが見つからない場合があるかもしれません。そんなときのために、折り目のある場所でも使える方法もご紹介しました。いずれの場合も、薄くて手で押すだけですぐ曲がるようなものだけは、せっかく作っても壊れやすいので避けましょう。
ちなみに、ティッシュペーパーやキッチンペーパーなどが入っていたダンボール箱はサイズの大きなものが多いので、探す際の目安にしてみてください。

難しい場合は、ふたの折り目部分も入れてサイズどりをして、2枚重ねに

CUT！

折り目部分も含め、サイズ通りに1枚カットしたら、もう1枚は気持ち大きめにカットし、両面テープを貼る。

2枚の折り目部分が同じ場所にこないように貼り合わせる。

はみ出た部分をカット。これで折り目から曲がることもなく、2枚重ねてあるので強度もアップする。

待ち針もお忘れなく！

これまでご紹介してきたダンボール織り機は、ダンボールに切り込みを入れ、そこにたて糸をかけて使う方式でしたが、今回、切り込みを入れるかわりに使っているのが、待ち針。
織り機の上下や周囲に等間隔に刺し、そこにたて糸をかけて使います。

切り込みと違い、待ち針なら簡単に刺したりはずしたりが可能。つまり、待ち針を刺す間隔を変えたり、糸のかけ方をアレンジするだけで、どんな太さの、またどんな形状の糸にも対応できるし、たて糸同士の詰め具合なども自由自在。織り機をひとつ作っておけば、さまざまなデザインのおざぶ作りが楽しめます。

待ち針は頭が小さいものを2色用意

待ち針は、頭が小さな玉状のものがおすすめ。織りあがって織り地をはずす際に、スムーズに作業できます。また、玉の色は赤白など2色にしておくと、糸をかけるとき、織るとき、目安にできて、1色でやるよりも作業しやすくなります。
基本は普通の服地用の待ち針で大丈夫ですが、糸がかなり太く、普通の待ち針の長さではかかりづらいという場合は、長めで針自体も太めのキルティング用の待ち針を使いましょう。

キルティング待ち針（写真左）太さ0.6mm、長さ48mm　シルク待ち針
（写真右）太さ0.5mm、長さ36mm、各100本入り／クロバー

The members of cardboard handloom
今回登場する織り機は、この3種類

本書に掲載しているさまざまなおざぶは、
すべてこの3種類の織り機を使って作っています。
まずは、その姿と特徴、じっくりごらんください！

> パーツを組み合わせたら
> こんなフリンジ付き
> デザインもOK

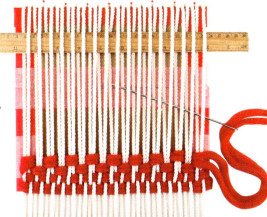

スーパー いた織り機

> こちらは
> 組み合わせ用の
> パーツたち

ベースの織り機と、組み合わせ用のパーツ2種類で1組。ベース単体で使うほか、ベースに2種類のパーツをそれぞれ貼り合わせて使うことで、35cm角、40cm角、その他横長のおざぶやフリンジ付きのおざぶなど、さまざまなサイズ、デザインが作れるすぐれものです。ダンボールの上下の端に待ち針を刺し、そこにたて糸をかけて使います。

> ベース単体で
> 織ると……

サークル いた織り機

円形のおざぶを作りたいときは、これ。丸くカットしたダンボールの周囲に待ち針を刺し、そこに放射線状にたて糸をかけて使います。本書では、直径33cm、45cmの織り機をはじめ、直径7〜12cmの小さな織り機で作った丸いモチーフをつなぎ合わせたおざぶもご紹介しています。たて糸の本数は円周を何等分するかで変えられ、それによって織り目の詰まり具合も見た目も変化します。本書でも、たて糸の本数を変えたさまざまなおざぶが登場します。

> こんなふうに、織り目が
> ×形に交差します！

バッテン織り用 いた織り機

ダンボールを正方形にカットし、4辺すべてに待ち針を刺して作ったもの。本書では35cm角と40cm角のサイズを使用しています。この織り機の特徴は、一般的な平織りとは違う、ちょっと変わった織り地が作れるところ。平織りは、たて糸とよこ糸が＋(プラス)の形に交差しますが、この織り機を使うと、織り目が×(バッテン)の形に交差した、独特の織り地ができるのです。織り方自体も変わっていて面白いので、この機会にぜひ挑戦してみて。

> 中心から外に向かって
> クルクル織ります

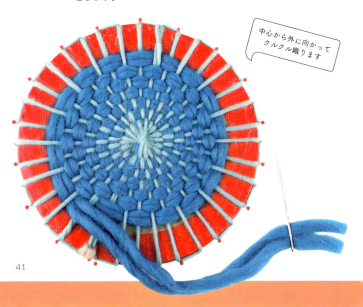

Lesson 1

Super cardboard handloom

スーパーいた織り機

ベースと2個のパーツ計3枚で1組の、ユニークな織り機です。
3枚の組み合わせしだいで、織り機のサイズが
いろいろ変えられるところが最大のポイント。
本書に登場する四角いおざぶは、ほぼこれひとつで作れます。

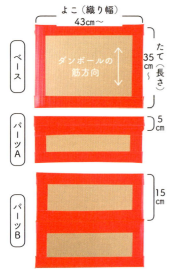

《 織り機を作るときは…… 》

✕ 材料と道具

ダンボール箱、布ガムテープ、両面テープ、待ち針、カッター、ハサミ、定規、鉛筆、ペンなど。その他、パーツ同士を組み合わせるときは養生テープも用意。

✕ サイズについて

ベースは、たて（長さ）35cm、よこ（織り幅）は最低43cmあれば、好きな幅で作ってOKです。パーツは、折り返しの長さが（写真参照）A＝5cm、B＝15cm。箱のふた〜折り目がついている部分を利用してサイズをとります。折り返した部分から下は、ベースに貼り合わせたときに安定するよう、ABともに10cm以上とってカットします。よこ（折り幅）はベースと同じサイズに。すべて、ダンボールの筋がたて方向になるようにカットしましょう。

✕ ダンボールの必要量について

ダンボールの側面（平らで折り目がない面）で必要なサイズ（たて35×よこ43cm〜）がとれる場合は、箱1個でOK。片面でベースをカットし、もう片面でパーツABをカットします。

×1個

とれない場合は、ほぼ同サイズを2個用意。1個の両面でベースを2枚カットし、貼り合わせます（40ページ参照）。もう1個でパーツABを作ります（こちらは1枚仕立てでOK）。

×2個

《 織り機の作り方 》

ベースを作ります

1 カットしたダンボールの周りに布ガムテープを貼って補強する。まずたて（長さ）側から。一方に幅半分を貼り、両端を少し残してカットする。

2 テープを折り返してもう一方にも貼る。

3 余った部分はハサミで切り落とす。

4 よこ（織り幅）側にもテープを貼り、余った部分を切り落としたら、ベースは完成。

パーツAとBを作ります

5 まず折り返しの部分に両面テープを貼る（写真はパーツB）。端から端に、2〜3カ所を目安に貼って。

6 テープの剥離紙をはがして折り、しっかり押さえて貼り合わせる。

7 周りにテープを貼る。まずたて側から。一方に幅半分を貼る。厚みに段差のある部分も、段差に沿ってていねいに。

8 テープの幅半分をもう一方に貼る前に、段差のある折り返し部分のテープにダンボールの厚み分の切り込みを入れる。

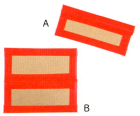

9 切り込みを入れたテープを貼ったら、もう一方のテープも折り返してしっかり貼る。

10 たて（長さ）の両側に貼ったら、余分をハサミで切り落とす。

11 パーツの上下、折り返しの段差部分にもテープを貼り、補強する。

12 パーツBと同様に、Aも作る。

《 織り機の組み合わせ方 》 ベースとパーツの組み合わせ方を、パーツAを使ってご紹介します。

待ち針を刺したあとで組み合わせてもOK！

1 ベースの上のラインとパーツAの折り返しの段差部分をピタッと合わせる。

2 上から養生テープを貼って、合わせた部分がずれないように固定。テープの両端は裏に折り返してしっかり貼る。

3 パーツAの下の両角の部分にも養生テープを貼って、浮いてこないよう固定しておく。

4 パーツBを組み合わせるときも同様に。

《 待ち針の刺し方 》 織り機ができたら、たて糸をかけるための待ち針（ピン）を刺します

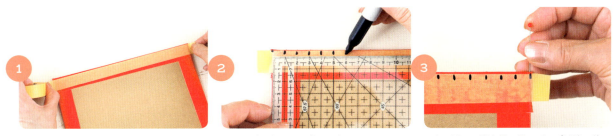

1 マスキングテープの端を1cmほど折りたたんで貼り合わせたら、織り機の上の右角に当て、端から端まで貼る。左角も同じように1cmほど折って貼っておく。

2 テープに定規の目盛りを合わせ、ペンで待ち針を刺す間隔をつけていく。ここでは1cm間隔に端から端まで印をつける。

3 印に沿って織り機の縁にピン（以降、待ち針→ピンと表記）を刺す。必ずピンの頭に指を当て、ピンを指2本で軽く持ちながら、ゆっくりまっすぐ刺し込んで。

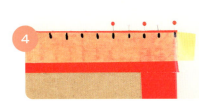

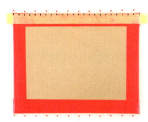

4 ピンは頭の色を赤と白の2色使い、交互になるように刺しておくと、糸をかけるときや通すとき、目安にできて作業しやすい。

5 織り機の上にピンを刺したら、今度は下側。テープをはがして織り機の下に貼り直し、同様にピンを刺していく。

6 上下にピンを刺し終えたら、準備完了。印をつけたテープは何度でも使い回せるので、保存しておくと便利。

＊織り機の全体像、細かい作業部分が見やすいよう、実寸の約4分の1サイズの織り機を使用しています。

基本の織り方

42ページで作った織り機のベース単体を使って織りの基本の作業をマスターしましょう

たて糸をかけます

1. 織り機の右上いちばん端の白のピンに、ピンの左側から糸を引っかける。

2. そのままクルッとピンにひと巻きする。

3. 糸端を6cmほど残してカットし、マスキングテープで織り機の裏にとめておく。

4. たて糸を下におろす。引っぱりすぎると織り機からはずしたときに織り地が縮むので、気をつけて。

5. 織り機の下〜右端から2番目の赤のピンにかける。

上でかけるときは白のピン、下のときは赤〜と思いながらやってみて

6. 糸を上にのばし、ひとつ飛ばして白のピンにかける。

7. ❹〜❻を繰り返してかけていく。1cm間隔にピンを刺し、ピン1本おきに糸をかけるこのかけ方は、毛糸でおざぶを作るときもっともよく使うので覚えておいて。

8. よこ糸の本数や太さで多少の差はあるが、たて糸は、希望の織り幅より少し（1〜1.5cm）多めにかけておくのが基本。

9. たて糸をかけ終わったら、最後に糸をかけた左下のピンにひと巻きし、糸端を6〜8cmほど残してカット。テープで織り機の裏側にとめておく。

10. そうこうa（定規）を1、3、5…とたて糸の奇数の目をひろいながらくぐらせる。

11. 最後までくぐらせたら、織りあがるまで入れたままにする。作業に応じて手前に引き寄せたり戻したり、持ち上げたりと、移動させて使う。

続いて、よこ糸の出番。おざぶの場合は厚みを出すためよこ糸は最低2本以上使ってしっかり詰めて織るのがポイント。ここでもよこ糸2本どりで作業の様子をご紹介します。

よこ糸を通して織ります

12 とじ針によこ糸を通し、そうこうaを持ち上げてその下を通す。糸は長すぎると織りづらいので、最初は1〜2mにカットして使う。慣れてきたら長さを増やして。

13 よこ糸を端まで通したら、フォークで下に引き寄せる。

14 織り機の下までしっかり糸を詰め、糸端は5〜6cmを目安に残しておく。これで1段。

15 今度はとじ針で12と反対の目をひろってよこ糸をくぐらせる。

糸を引っぱりすぎると織り幅が狭くなってしまうので気をつけて！

16 よこ糸を通すときは必ず、端のたて糸とよこ糸の接点を指で押さえながら。斜め上から手前に引き寄せるようにすると、よこ糸がきつくならずに通せる。

17 糸を手前に引き寄せたら、フォークで下に下げながら、織り目を整える。

18 織りはじめのよこ糸端は、この2段目を織っているときに同じすくい方で通しておく。

19 糸と糸の間にすき間がないようしっかりと詰める。これで2段織れた。

20 再び、そうこうaを持ち上げてよこ糸をくぐらせる。これを繰り返して織りすすめる。

21 織り目を詰めたり整えたりするとき、フォークだけだと細かい作業がやりづらい場合は、指も使うといい。

22 ある程度織りすすんでくると、織り地の中心の目が詰まり気味になってくるので、ときどきチェックを。気づいたらそのつど整えて。

次ページに続きます

《 Lesson 1 Super cardboard handloom 》

■ 織り終わり〜糸端を始末します

23 よこ糸を通しづらくなってきたら、そうこうaをb（編み棒）に変えて織りすすめる。さらに織りづらくなったら編み棒もはずして、織る。

24 よこ糸が通らなくなるギリギリまで詰めながら織ったら、糸端を6〜8cmほど残してカットする。

25 とじ針に糸端を通し、いちばん最後の段とひとつ手前の段の間に、手前の段と同じたて糸のすくい方で、4〜5目通す。

26 余った糸端をカットする。このとき、糸を斜めに倒しながらカットすると切り口が目立たず、見た目がきれいに仕上がる。

27 織り地をピンからはずす。最初はピンを親指で少し押し込みつつ、たて糸を少し引っぱるようにしながらはずす。一辺がはずれたら、あとはスムーズ！

28 糸がからんではずれにくいときは、ピンを抜いてはずすといい。ピンの頭と針の両方を指ではさむようにして持ち、ゆっくりと抜きながらはずして。

29 たて糸の端を始末する。とじ針に糸端を通し、隣のたて糸の上に4〜5目通す。

30 余った糸を斜めに倒してカット。もう片方のたて糸端も同様に始末する。

頭をつまんで引っぱらないで！
頭だけをつまんで引っぱると、頭が針から取れてしまいやすいので注意。

31 つぎ足したよこ糸端はかぎ針で裏側に引き出し、余分をカットする。

Finish!

❮ Point ❯ 織るときのポイント

《 途中でよこ糸をつぎ足すとき 》

✖ パターン1

2本（偶数本）どりのときは、糸を本数分に切らず半分に折り、一方の端を輪っか状に。こちらをとじ針に通して織りはじめる。つぎ足すときは糸を輪っかに通し、好みの長さでカット。両方の糸端を合わせて引き、長さを等分にしてとじ針に通し、再び織りすすめる。

✖ パターン2

糸端が（輪っか状でなく）2本のときは、新しいよこ糸を前の糸の5目ほど手前から通し、つなぎ目を数目重ねて織る。両方の糸端は仕上げのときに始末する。

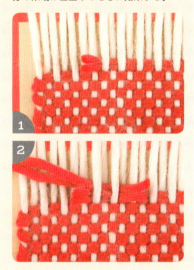

《 よこ糸の色や種類を変えるときは 》

まず、前の糸の糸端を、織り終わりのときと同様に織り込んで始末（左ページプロセス㉕参照）。始末したほうとは逆の端から、違う糸で再び織りはじめる。糸端は、2段目を織るときに一緒に織り込んでおく。

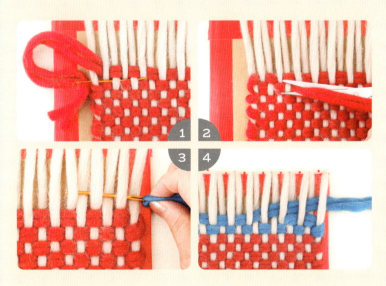

《 糸のねじれは直しながら織る 》

作業していると、よこ糸がねじれたりよれたりしがち。そのままにしておくと織り目が乱れて、糸も元に戻せなくなるので、そのつど直してまっすぐに整えて。

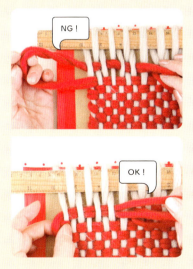

《 Lesson 1　Super cardboard handloom 》

フリンジをつける場合は……

本書でご紹介しているフリンジ付きの模様織り作品を例に、作業の際のポイントをまとめました。

たて糸のかけ方～織り方

織り機は、ベースにパーツBを組み合わせて使用。たて糸の太さに合わせ、上下に1.3～1.5cm間隔にピンを刺し、たて糸をかける。

織り機の下側に、幅紙（38ページ参照）を、たて糸をすべて上にしてセットする。

そうこうa（定規）を、たて糸の奇数の目をひろいながらくぐらせる。これでセット完了。

一往復織ったところ

とじ針によこ糸を通したら、たて糸にくぐらせ、手前に引き寄せて幅紙のラインに合わせる。これが織りはじめの1段。続けて織り、1段目に合わせて詰める。

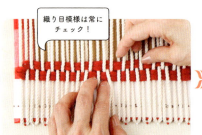

織り目模様は常にチェック！

模様織りの場合は、織り目幅を均等にするのがポイント。1～2段織るごとに指で整えて。そのとき、指でつまんで織り目を少しふっくらさせると厚みも出せる。

織り終わりが近くなり、たて糸の間が狭くなってきたら、そうこうをb（編み棒）に変え、幅紙も移す。

たて糸の始末

ボンドで仕上げる場合

たて糸をピンから1本ずつはずしながら、まず、たて糸がよこ糸の上になっている目からとめる。糸を持ち上げ、たて糸と交差しているよこ糸側にボンドをつける。

持ち上げたたて糸を戻し、ボンドをつけた部分を指で押さえて、しっかり接着する。

ボンドを使わない場合

たて糸がボンドで接着しづらい場合や太めの場合は、細めの丈夫な糸（綿や麻）で織りはじめと織り終わりに"留め織り"をしておく。

接着したら再びピンにかけ、ボンドがほぼ乾くまでおいておく。

ボンドがだいたい乾いたら織り機からはずし、まだ接着していない反対側のたて糸も同様に、ボンドで接着する。

織りあがったあと、一往復織ってしっかりと詰めておけばOK。織りはじめも同様に。

糸端の始末は共通です

まず、輪っか状になっているたて糸を1本ずつ切り離す。

好みの長さに切り揃えたら、切り口にボンドをつけて、ほつれどめをする。

ボンドが乾いたら、完成！

裂き織りをするときは……　こちらは裂き織りのポイント。はじめる前にチェックを！

たて糸のかけ方～織り方

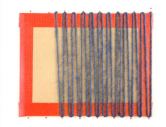
おざぶ作りの場合、たて糸はしっかりと丈夫な綿や麻素材がおすすめ。ピンは2cm幅間隔にセットを。

かけ終わりの糸は手前のピンにかけ、糸端を6cmほど残してカットする。

裂き布幅は広めに

通常、裂き織りの場合の布幅は1～1.5cmだが、織り地に厚みを出したいおざぶの場合は倍以上の4cm程度を目安に。薄い布の場合はもう少し幅が広くてもOK。

糸端を、手前のピンにかけた糸にクルクルと巻いてからませる。

巻き終わりをクリップでとめておく。ゆるんでしまう場合は、糸にボンドをつけ、接着しながら巻くといい。

つなぐときはボンドで

重ね織りしてつなぐと、そこだけ織り目がふくらんでしまう。ボンドで端を1cmほど貼り重ねてつなぐと、つなぎ目も目立たずすっきり織りあがる。

織る際は、一度にたくさんの目がすくえる織り針が作業しやすくおすすめ。

よこ糸は引っぱらないで！

よこ糸を通したら、必ず端のたて糸とよこ糸の接点を指で押さえ、フォークでよこ糸を下におろしながら詰めていく。

きれいに折りたたまず、指や爪でクシュクシュッと縮めるようにして詰めていく。

Lesson 2

Circle cardboard handloom
サークルいた織り機

丸いおざぶを作りたいときは、こちら！
円形の織り機の周囲にグルッと待ち針を刺し、
そこにたて糸をかけて、中心からクルクル織りすすめるだけで
丸い織り地ができあがっていきます。

《 織り機を作るときは…… 》

直径33cm、40cmの2種類

これは36等分

ピンの本数、位置を変えれば細かい織り目からザックリした織り目まで簡単にアレンジOK！

✗ 材料と道具
ダンボール、布ガムテープ、待ち針、カッター、ハサミ、定規、分度器、コンパス、目打ち、鉛筆、ペンなど。

✗ 織り機のサイズについて
本書で使用しているのは直径33cmと40cmですが、好みに合わせて好きな直径にアレンジしてもOK。小さいサイズで作れば丸いモチーフも織れます（15、34ページ参照）。スーパーいた織り機と違い、ダンボールの筋方向は気にせずカットして大丈夫。

✗ ダンボールの必要量について
ダンボール箱の側面（平らで折り目がない面）などで必要なサイズがとれる場合は、1枚仕立てで。必要サイズがとれない場合は、折り目の部分も含めてサイズをとり、2枚カットして貼り合わせます（40ページ参照）。

《 織り機の作り方 》

これは直径12cm

① ダンボールにコンパスで希望のサイズの円を描き、円に沿って、まずカッターで切り込みを入れる。

② 切り込みに沿ってハサミでカットする。

③ 分度器で円を等分し、印をつける（写真は10度ずつ分割して36等分に）。

④ ③に対角線を引く。このとき裏も使って、よく使う等分（18、24）も同時に印をつけ、対角線を引いておくといい。

⑤ 布ガムテープの幅半分のところが、③の縁〜厚み部分に当たるように貼っていく。

切り込みの間隔は1.5cmくらい

⑥ 円周の3分の1くらい貼ったら、まずテープの片側に、中心に向かって切り込みを入れる。

⑦ 切り込みを1枚ずつ中央に折りながら貼っていく。

⑧ もう片側のテープにも切り込みを入れ、同様に貼る。これを繰り返して周囲表裏両側にグルッとテープを貼る。

ピン（待ち針）を刺します

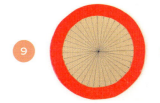
❺〜❽を繰り返し、両面にテープを貼ったら、織り機のベースは完成。

織り機の中心に、目打ちで毛糸のとじ針が通る程度の穴をあけておく。

対角線の延長上にピンを刺す。針を対角線に合わせ、そのままスッと縁まで上げて刺すと正確な位置に刺せる。

刺すときは、ピンの頭に指を添え、指2本で針をささえてゆっくりと押し込む。

基本の織り方
直径17cmのマットを作りながら基本の織り方をチェックしましょう

たて糸をかけます

どのピンからかけはじめてもOK

糸端を5cmほど残してピン①に巻き、テープで裏側にとめたら、対角線上に向かって糸を張り、ピン②に糸をかける。

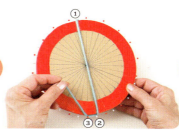
続いて隣のピン③に糸をかけ、再び対角線上に糸をのばす。

❶の右隣のピン④に糸をかける。

続けて隣のピン⑤に糸をかけ、対角線上に糸を張って、ピン⑥にかける。

❶〜❹を繰り返し、対角線上にどんどん糸をかけていく。

全部かけ終わったら、糸端を5cmほど残して、カットする。

かけ終わりの糸端を、隣のピン（左右どちらでも可）にかける。

糸端を、かけたピンのたて糸にクルクル巻きつける。糸がすぐにゆるんでしまう場合は、布用ボンドでとめてもOK。

巻きつけたところがはずれてこないように、クリップで固定。かけはじめの糸端も同様に。

次ページに続きます

＊織り機の全体像、細かい作業部分が見やすいよう、実寸の約4分の1サイズの織り機を使用しています。

《 Lesson 2 Circle cardboard handloom 》

たて糸が偶数だと円形を織れないのでここで調節！

⑩ どこか1箇所（どこでもOK）たて糸を2本まとめ、目立つ色の糸で束ねておく。これで糸が奇数になった。

⑪ 織りはじめの糸を決め、目印にピンを1本刺しておく。どこからはじめてもいいが、調節のため、糸を束ねたところからはじめるとわかりやすい。

⑫ これでたて糸の準備が完了。

よこ糸を通して織ります　スーパーいた織り機同様、2本どりでプロセスをご紹介します。

⑬ よこ糸は1〜2メートルの長さからはじめ、慣れてきたら長さを増やすといい。まず、必要分をカットして半分に折り、輪っかになっているほうをとじ針に通す。

⑭ 織り機の中心にあけた穴に、織り機の裏側からとじ針と糸を通す。

⑮ 織りはじめのたて糸の手前（右）側に針を出し、針と毛糸を引く。糸端は、裏側に5cmほど残しておく。

⑯ 上→下→上と交互にたて糸をすくいながら、たて糸の間を通していく。

⑰ 一度にたくさんのたて糸をすくってしまうとよこ糸が通しづらいので、4分の1ぐらいずつすくい、そのつどよこ糸を通しながら、中心に向かって引き寄せる。

よこ糸2本がたて糸に交互にかかっていたらOK

⑱ 織りはじめの糸まで戻って来たら、よこ糸2本がたて糸に交互にかかっているかチェック。かかっていない場合はどこかですくい方が違っているので確認して。

⑲ よこ糸をしっかり引っぱって、たて糸の中心に巻きつける。

⑳ 同時に、裏側に出してあるよこ糸の糸端も引っぱると、表側の糸がだぶつかず、目がきれいに整う。これで一周（1段）。

㉑ 最初の数段はよこ糸をしっかり引いてたて糸に巻きつける。あとは6〜10目ずつを目安にたて糸をすくって通し、よこ糸を適度に引きながら円状に織っていく。

22 糸が足りなくなったら、輪っかの中に糸を通してつぎ足す。糸が2本に分かれているときは重ね織りしてつぎ足して（47ページ参照）。

糸の色や種類を変えるときは……

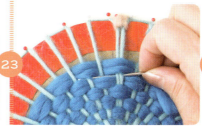

23 前の糸の糸端を、いちばん最後の段とひとつ手前の段の間に、ひとつ手前の段と同じすくい方で3〜4目通す。糸端はそのまま表に出しておく。

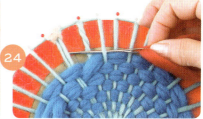

24 別の糸をとじ針に通し、前の糸の織り終わりの3〜4目手前に針を通して、3〜4目織り重ねる。

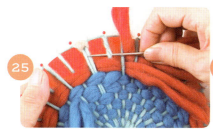

25 そのままどんどん織りすすめる。糸端は、そのまま表に出しておいてOK。

26 よこ糸が通しづらくなってきたら、指で織り地を少しおろし、たて糸にすき間をあけながらよこ糸を通して、ギリギリまで詰めて織る。

27 織り終わったら、よこ糸を始末する。いちばん最後の段とひとつ手前の段の間に、手前の段と同じたて糸のすくい方で2〜3目通す。

28 織り地をピンからはずす。ピンを親指で少し押し込みつつ、たて糸を少し引っぱるようにしながらはずすとやりやすい。

糸端を始末します

29 表に出ているよこ糸の糸端を、かぎ針で裏側に引き出す。

30 裏に出したらとじ針に通し、近くの織り目に数目通す。

31 余分な糸端をカットする。このとき、糸を少し寝かせてカットすると断面が斜めになり、織り地となじんで目立ちづらくなる。

32 織りはじめのよこ糸の端は、かぎ針で近くのたて糸に数目通し、余分をカットする。

Finish!

Lesson 3

Cardboard handloom for ××textures
バッテン織り用いた織り機

ダンボールを正方形にカットして作るこの織り機いちばんの特徴は
織り機の四辺にグルッと、ピンをセットしてあること。
ここにたて糸をかけながら、同時によこ糸も織りすすめていくと……
織り目がバッテン状に交差する、個性的な織り地ができあがります。

《 織り機を作るときは…… 》

一辺の長さは35cm40cmの2種類

ダンボールの筋方向

四辺すべてに等間隔にピンを刺します

✕ 材料と道具

ダンボール箱、布ガムテープ、待ち針、カッター、定規、鉛筆、ペンなど。スーパーいた織り機と同じ。

✕ サイズについて

ダンボールを正方形にカットして作ります。本書で使用しているのは、おざぶとして使いやすい35cm角と40cm角の2サイズです。

✕ ダンボールの必要量について

必要量については、スーパーいた織り機と同じ（40ページ参照）。

✕ ピンの刺し方

織り機の周囲四辺に、使う糸の太さに合わせて等間隔にピンを刺します。一辺の長さが均等に分割できない場合は、なるべく近い数値で振り分けるようにします（1～2mmの違いであれば問題ありません）。

スーパーいた織り機で使ったマスキングテープ（43ページ参照）を再利用。まず一辺に貼り、ペンで等間隔に印（ピンク色）をつけたら、印に合わせてピンを刺す。一辺終わったら、テープをはがして違う辺に貼り、ピンを刺す。これを繰り返して四辺全部にピンを刺して。

基本の織り方

織り機を回転させながら、織っていきます。途中で織り機の上下がわからなくなったら、織りはじめの位置につけた★を起点にして、ごらんください。

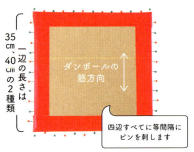

たて糸をかけます

1 織り機の角のピン（どこでも可）にたて糸をひと巻きする。糸端は5cmほど残し、マスキングテープで織り機の裏に貼っておく。

2 ①の対角線上に糸を張って、角のピン②にかけ、ひと巻きする。

3 続けて右隣のピン③にかける。

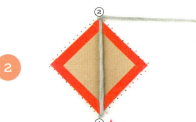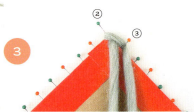

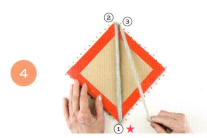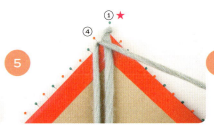

4 再び下に向かって糸を張る。

5 ③と同じ線上のピン④に糸をかける。糸はピンと張っておいて。

たて糸をかけながら、よこ糸を通して織ります

6 かぎ針に糸をかけ、最初のたて糸（①～②）の下をくぐらせる。

54

7 糸を引いて反対隣のピン⑤にかける。

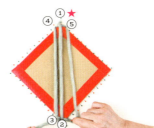
8 糸を反対側にのばして、ピンと張る。

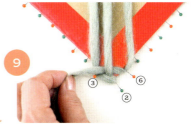
9 ⑤と同じ線上のピン⑥にかける。

10 そのまま糸をピンと張って、③の隣のピン⑦にかける。

11 再び反対側に糸を張り、④の隣のピン⑧にかける。

12 奇数のたて糸の下をくぐらせてかぎ針を入れ、糸を引っかける。

13 そのまま糸を引き出す。

14 ピン⑨にかける。

15 再び糸を反対側に張ってのばす。

16 ⑨と同じ線上のピン⑩にかけ、そのまま糸を引く。

17 ⑦の隣のピン⑪にかける。

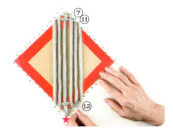
18 再び反対側に糸を張って、ピン⑫にかける。

次ページに続きます

＊織り機の全体像、細かい作業部分が見やすいよう、実寸の約4分の1サイズの織り機を使用しています。

Lesson 3 Cardboard handloom for ××textures

19 続けて、奇数のたて糸の下をくぐらせてかぎ針を入れ、糸を引っかける。

20 そのまま糸を引き出して、ピン⑬にかける。この作業を繰り返して、どんどん織りすすめる。

21 糸をかけて通すごとに織り目をフォークで詰めながら、きれいな交差状になるよう整える。

22 フォークだけでは整えづらい箇所や細かい部分は、指を使って整えて。

23 かぎ針がたて糸に入りづらく、一度で全部のよこ糸を通しづらくなったら、何目かずつに分けて作業を。

24 最後の1段まできたら、必要なよこ糸の長さプラス数cmをとって、糸をカットする。

25 糸を織り針に通し、たて糸の目の交互にすくって通す。

26 これで織りあがり。織り機からはずす前に、フォークと指で織り目全体を整える。

27 織り地をピンからはずす。たて糸を少し引っぱるようにしながら、1本ずつはずしていく。一辺はずしたら、あとはスムーズ。

糸端を始末します

28 糸端を、織り終わりからひとつ手前の織り目に重ねて数目通す。

29 数目通したら引き出し、余分をカットする。織りはじめの糸端も同様に始末する。

Finish!

56

Lesson 4

Various arrangement textures
アレンジ織りいろいろ

使う織り機は同じでも、ちょっと織り方を変えるだけで
見た目も風合いもまったく違う、楽しい織り地が作れます。
オリジナルも含め、おすすめの織り方を3種類ご紹介します！

スーパーいた織り機の
ベース、ベース＋パーツAで
Double-weaving
袋織り

まずひとつ目は、スーパーいた織り機を使ってできる、袋織り。
ただ、ここでは待ち針は刺さず、
直接織り機にたて糸を巻いて使います。
織り機の表と裏を往復して織りすすめ、織り機からはずすと
すでに袋状に織りあがっているという、
ちょっと得した気分になれる織り方です。
35cmサイズのおざぶを作るときはベース1枚で、
40cmサイズを作るときはベースに
パーツAを組み合わせて織ってください。

袋織りの織り方
スーパーいた織り機のベースを使って
織り方の手順とポイントをチェックしましょう。

たて糸をかけます

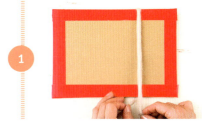

1 まず、たて糸のかけはじめの位置を決め（織り機の左端から右に測り、作りたいサイズに1.5cm加えたところ）、そこに1本（1目）目をクルッと巻く。

2 糸端を5cmほど残し、織り機の右下縁のところでひと結びする。糸端はずれないようにマスキングテープでとめておく。

3 そのまま織り機の左端ぎりぎりまで糸を巻いていく。糸ではなく、織り機のほうをクルクル回しながら巻くとやりやすい。

4 織り機の左端まで巻いたところ。裏も表同様、たて糸が巻かれているか確認して。

5 巻き終わりの糸端は、必ず巻きはじめと同じ下側で結ぶ。隣のたて糸に、図のように通して……。

6 糸端をギュッと引っぱって、結ぶ。

次ページに続きます

Lesson 4 Double-weaving

⑦ 続けて、結び目にピンを刺してとめ、端のたて糸が織り機からはずれないように、クリップをとめて押さえておく。

⑧ 織り機の左上角にも、たて糸がはずれないよう、ピンを刺しておく。

⑨ たて糸の奇数の目をひろって、そうこうb（編み針）を通す。

⑩ 裏側にもそうこうを通す。表はそうこうが糸の上を通って終わっているので、こちらは下からはじめる。

⑪ 袋織りは他にくらべて織り幅が狭くなりやすい。たて糸の幅を整えたら、そうこう2本の両側にマスキングテープを貼り、希望の織り幅分の目印をつけておく。

常にチェックしながら織りすすめて。

よこ糸を通して織ります

⑫ 1段目は表の左下端から、そうこうと違うたて糸を交互にすくってよこ糸を通す。

⑬ よこ糸を強く引っぱりすぎないよう気をつけながら、よこ糸を下に引き寄せる。

⑭ 続けて、フォークで織り機の下までしっかり糸を詰め、糸端は5～6cmを目安に残しておく。これで1段。

⑮ 今度はそうこうbと同じ糸をすくいながら、右から左に向かってよこ糸を通す。

⑯ 通したら、フォークで織り目をしっかりと詰める。

⑰ 織り機を裏返し、表と同様そうこうと同じたて糸をすくいながら、端まで糸を通す。

⑱ 下までしっかり糸をおろす。これで2段織れた。

3段目は織り機の裏からはじめ、そうこうとは逆の目をすくって、糸を通す。

よこ糸をおろすときは必ず、端のたて糸とよこ糸の接点を指で押さえながら。フォークが使いづらい場合は、指で作業してもOK。

織り機の下(底側)からも、織り目がしっかり詰まっているかチェック。ゆるいようなら、さらにしっかり詰めておく。

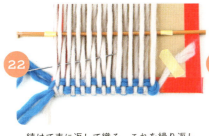

> 表と裏の境目も忘れずチェック！

続けて表に返して織る。これを繰り返し、表裏を往復して、どんどん織りすすめていく。クリップは、もうはずして大丈夫。

そうこうは、こんな風におろしてよこ糸全体をギュッと押さえると、織り目のラインを整えるのに使えて便利。

こちらは、織り機の側面。表の端、裏の端のたて糸の間にすき間があると織り目にもすき間が空いてしまうので、ときどきチェックしてしっかり詰めて。

たて糸がゆるんできたら

織り幅は、そうこうのテープを目安に確認！

> ピンと引っぱって

織りすすめるにつれて、端のたて糸がゆるんでくることが……。そんなときは、たて糸を引いてピンと張った状態に戻し、再びマスキングテープで固定を。

半分以上織ってくると、気づかぬ間に織り幅が縮んでいた……なんてケースが多い。ときどきチェックし、狭くなっていたら織り目を整え、織り地を両側から引っぱって調節を。

糸を通しづらくなったらそうこうをはずし、ギリギリまで織る。

最後の1段は、必ず両隣の織り目と交互になるように織る。角に刺しておいたピンをはずして、作業を。

織り地が織れた。織り機からはずす前に、織り目にすき間がないか（特に底と織り機左端の表裏の境目）確認し、気になるところはフォークや指で整えておく。

Lesson 4 Double-weaving

織り地はどちらを
表にして使ってもOK

30 織り地を少しずつずらしながら、織り機からはずす。

31 クルッと織り地を返して、裏表両面から仕上がりを確認。チェックして好きなほうを選び、それに合わせて糸端の始末をして仕上げる。

糸端を始末します

32 まず、左下角のたて糸と織りはじめのよこ糸の糸端を、かぎ針で織り地の裏面に引き入れる。

33 織り地を裏返し、両方の糸を角でひと結びする。

34 続けて、かぎ針で周囲の織り目の間に通す。たて糸端はたて糸の上に。よこ糸の目にかぎ針を通し、始末する糸をすくって織り目にくぐらせていく。

35 よこ糸端は、周囲のよこ糸の上に。たて糸の目にかぎ針を通し、始末する糸をすくって織り目にくぐらせ、余分をカット。

36 袋口のたて糸端をとじ針に通し、ひとつ先のたて糸に、同じ糸のすくい方で6目ほど通し、余分をカットする。

37 袋口側のよこ糸端（織り終わりの糸）は、ゆるんでいる場合は少し引き絞って幅を整え、とじ針に通して、縁の織り目の間を3〜4目通す。

Finish!

38 続けて、方向を変えてよこ糸の目の間を3〜4目通し、余分をカット。織り地を表に返して、形を整える。

スーパーいた織り機の
ベース＋パーツBで
Hand knotted
ノット織り

市販品でよく見かける、フサフサ毛足の長いマットやラグetc.
あの織り地も、ダンボール織り機で作れちゃいます。
毛糸を束にしてたて糸に通し、結び目（ノット）を
ひとつひとつ作っていくことで織り地ができあがっていきます。
細かい作業の連続ですが難しいテクニックは必要ないし、思うより簡単。
なにより、完成したときの達成感はひとしおです！

ノット織りの織り方

22cm角のミニサイズのマットを作りながら
ノット織りの基本とポイントを覚えましょう。

よこ糸用の糸束を作ります

1 幅8cmにカットした厚紙に、よこ糸用の毛糸を3周巻きつけてカットする。

2 厚紙からそっと、巻いた毛糸を抜く。

3 ここでは2色の糸束を用意。一度に必要量を全部作るとかさばるので、1/2～1玉ずつを目安に作って、足りなくなったら作り足すといい。

たて糸をかけます

ピンは1cm間隔に刺して

4 織り機右上端の白いピンにたて糸をかけ、裏側にマスキングテープでとめたら、糸をピンと張ってまっすぐ下におろす。

5 右下端の白いピンにかけたら、また糸を上にのばし、隣の赤いピンに……と、織り機の上下同じ色のピンにかけていく。

6 たて糸は、作りたい幅にかける。本数は必ず偶数にする。糸は細めで丈夫な綿糸や麻ひもがおすすめ。

よこ糸を通して織ります　たて糸と同じ糸で平織りします

7 まず、たて糸と同じ糸（写真は麻ひも）から織りはじめる。1、3、5……と奇数の目をひろいながら、くぐらせる。糸端は5cmほど残しておく。

8 端まで通したら糸をおろし、フォークで織り機の下までしっかりと詰めて。続けて織り機の左から右へ、先ほどと反対の目をすくいながら糸を通す。

9 端まで通したら、しっかり詰める。織りはじめのよこ糸端は、この段を織っているときに同じすくい方で通して詰める。これで一往復（2段）織れた。

よこ糸は切らずに、休ませておく

次ページに続きます

《 Lesson 4 Hand knotted 》

よこ糸を通して織ります　**たて糸に糸束を結びます**

10　ここで糸束の出番。まず、糸束を右端のたて糸2本の下に通して、両手の指で持つ。

11　そのまま糸束を二つ折り（2等分）にする。

12　二つ折りしたまま、左手の指で持つ。

13　右手の親指と人差し指をたて糸2本の中に入れて、間を広げる。

14　そのまま右手の指をのばして、糸束の先をつかむ。

15　糸束をつかんだまま指を元に戻して、たて糸の間から出す。

16　同時に、糸束をたて糸の間から引き出して、下に引く。

17　織り機の下までおろしたら、しっかり引っぱって結び目を引き締める。これで1目。

18　その後も同様に⑩〜⑰の作業を繰り返して、どんどん織りすすめる。

19　糸の色や種類を変えたいときは、変えたい場所のたて糸2本に、変えたい色の糸束を通して結び目を作ればOK。

20　下までおろして、しっかり糸を引き締めたらごらんの通り。色を変えたいところまで、糸を変えて作業を。

21　2色の糸を織り分けながら、端まで織りすすめたところ。これで1段織れた。

22　結び目を1段織ったら、次はこの結び目をしっかりとめておくため、休ませておいた⑨のよこ糸で平織する。まず1、3、5……と奇数の目を通して糸を通す。

23　端まで織ったら、先ほどとは反対の目をくぐらせて通し、フォークでしっかりと詰める。

これで一往復（2段）織れた。糸は再び休ませておく。

今度は、糸束の出番。たて糸2本に糸束を通して、どんどん結び目を作っていく。

結び目を作ったら、次は休ませていた糸で、一往復（2段）織る。この結び目1段→平織り一往復（2段）を繰り返して、織りすすめる。

結び目の段がすべて織りあがったところ。糸束の色を変え、結び目を作って織りすすめていくだけで、こんな模様ができあがる。

よこ糸端は❽と同じやり方で始末して。

結び目がゆるんだりしてこないよう、最後は休ませておいた糸で一往復（2段）平織りして、しっかりと織り目を詰める。

たて糸端を始末します

ピンを1本ずつ抜きながら、たて糸をはずしていく。ピンは先だけでなく針の部分も持ちながら、ゆっくりと引き抜いて。

たて糸を2本1組で玉結びする。結び目はゆるまないよう、織り目の付け根のところでしっかりと結ぶ。

すべて結び終えたら、好みの長さに切り揃える。長さがうまく揃わないときは、糸の下に定規を入れてカットするといい。

反対側のたて糸もピンからはずす。こちらはピンを刺したまま、はずしてOK。

毛先を整えます

まず、糸束の輪っか状になっている部分をハサミでカットしていく。切りそびれがないよう、しっかりとチェックしながら作業を。

続けて、毛先を切り揃えながら、全体に毛足の長さが同じになるよう、整える。ハサミの刃を毛足と平行になるようピタッとくっつけながら切るとやりやすい。

Finish!

サークルいた織り機で
Coil weaving
巻き織り

サークルいた織り機を使って、丸い織り地を作るところは
51ページでご紹介したものと同じですが、よこ糸の通し方にひと工夫。
クルッとたて糸にひと巻きしながらどんどん織りすすめると
たて糸が葉っぱの葉脈のようにプクッと浮き彫りになった
個性的でかわいい織り地になります。ピンの数は普通の織り方のときより
少し少なめの18本〜24本で織ると、バランス良く仕上がります。

巻き織りの織り方

51ページと同じサイズのマットを作りながら
織り方の違いやポイントをチェックしましょう

たて糸をかけます

1
どのピンから
かけはじめてもOK

糸端を5cmほど残してピン①に巻き、テープで裏側にとめたら、対角線上に向かって糸を張り、ピン②に糸をかける。

2
続いて隣のピン③に糸をかけ、再び対角線上に糸をのばしてピン④にかける。

よこ糸を通して織ります

3
隣のピン⑤に糸をかけたら、再び対角線上に糸を張って、ピン⑥にかける。

4
①〜③を繰り返し、対角線上にどんどん糸をかけていく。かけ終わったら糸端を5cmほど残してカットし、糸端は隣のたて糸に巻きつけておく（51ページ参照）。

5
たて糸は全部織り機の中心で交差するよう、指でつまんで整えて

織りはじめのたて糸（どこでも可）を決め、目印にもう1本ピンを刺しておく。

よこ糸を通して一周織ります

6
とじ針によこ糸（2本どり）を通したら、織り機の中心にあけた穴に、織り機の裏側から通して表に出す。出すのは、織りはじめのたて糸の手前（右）。

7
針と糸を出して引いたら、裏側の糸端を5cmほど残して糸を引く。

8
下→上→下と交互にたて糸をすくいながら、たて糸の間を通していく。

9
織りはじめの糸まで戻って来たら、よこ糸2本がたて糸に同じようにかかっているかチェック。かかっていない場合はどこかですくい方が違っているので確認を。

Lesson 4 Coil weaving

よこ糸をたて糸に巻きながら織ります

10 よこ糸をしっかり引っぱって、たて糸の中心に巻きつける。

11 ここから巻き織り開始。再び同じたて糸を手前からすくい、同時に1本先のたて糸もすくって糸を通す。

12 糸を通すときは指を入れ、丸くカーブをつけるようにしながら糸を引くと、形がきれいに整う。

13 ⓬で通した糸を引いたところ。織りはじめのたて糸にクルッとよこ糸が巻きついている。こうなっていればOK。

14 続いて、巻き織りした左隣のたて糸を再び手前からすくい、同時に1本先のたて糸もすくって糸を通す。

15 再び糸に指を入れ、糸を引きながら丸く形を整えて通す。たて糸に巻く瞬間にサッと指を抜くようにすると、きれいな巻き目になる。

16 これで2目巻き織りができた。よこ糸は引っぱりすぎると巻きがきつくなってしまうので気をつけて。

《 糸をつぎ足すときは…… 》

新しい糸をとじ針に通し、織り終わりのたて糸を手前からすくう。糸端を5cmほど残して通したら、再び同じたて糸と1本先のたて糸をすくって糸を引き、巻きつける。あとは同様に織りすすんで。（織り終わった糸端が輪っかの場合のつぎ足し方は47ページ参照）

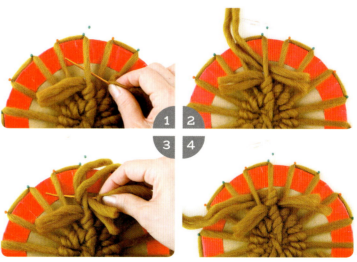

17 グルッと1周（1段）織ったところ。あとは⓫から⓰の作業を繰り返して、どんどん織りすすめる。

次ページに続きます

Lesson 4 Coil weaving

18 よこ糸が通りづらくなってきたら織り目を指で下げ、たて糸にすき間をあけながらよこ糸を通し、ギリギリまで詰めて織る。

19 織り終わったところ。織り終わりは、織りはじめの1本手前のたて糸を目安にして（1〜2目の違いはOK）。

20 織り地をピンからはずす。ピンを親指で少し押し込みつつ、たて糸を少し引っぱるようにしながらはずすとやりやすい。

糸端を始末します

21 はずしたら、全体を手のひらでやさしくおさえながら縁を少し引っぱって、形を整える。

22 まずよこ糸から。糸端を織り終わりのたて糸の右側から通して、裏に出す。

23 続けて、織り地の中心に向かって縦に数目通す。

24 余分な糸端をカットする。糸を斜めに倒しながらカットすると切り口が目立たず、見た目がきれいに仕上がる。

25 織り機の裏に出してあった織りはじめのたて糸は、かぎ針で周囲の織り目に数目通す。

26 つぎ足したよこ糸の糸端は、かぎ針で裏側に引き出す。

27 裏で軽くひと結びしてから、かぎ針で周囲の織り目に数目通し、余分をカットする。

Finish!

66

おざぶをもっと楽しむために

おざぶを作るとき、作っておうちで使うときに
知っておくとより楽しめるポイントを、まとめてみました。
ぜひ、ご参考に！

ボリュームアップさせる織り方のコツ

同じ毛糸を使っていても、ちょっと"ワザ"を加えるだけでそのボリュームは驚くほどアップします。どれも、普通に糸を通しながら簡単にできるので、より厚みのあるおざぶを作りたい〜というときには、ぜひ試してみて。

《 織り方のコツ 》

引き出す

よこ糸を通し、下におろしたら、とじ針を使って目を引き出すように上に持ち上げて糸を浮かせる。その状態で織り目を詰める。

つまむ

よこ糸をおろしたら糸を指でつまんで引っぱりながら織り目を浮かせていく。おろすときに糸をピンと張らず、余裕を取ってゆったりさせておくとつまみやすい。

普通に織ったとき
Before

ロールアップ

よこ糸を通したら端からひと目ずつ、指を中に入れふっくらとロール状に形を整えていく。指を入れる前に十分糸を引いて余裕を持たせておくと形を整えやすい。

アレンジするとこんなにもこもこに！
After
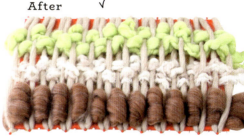

糸によっては、こんなつぎ足し方も

これまで、糸先が輪っか状の場合と、2本に分かれている場合のつぎ足し方をご紹介してきましたが、もうひとつ、ラクチンなつぎ足し方が。単に結んでつぎ足す方法です。ストレートヤーンなど結び目が目立ってしまう糸には使えませんが、糸自体がプクプクしている写真のようなファンシーヤーンなら結び目がほとんど目立たないので、おすすめです。

織り終わりの糸につぎ足す糸を結ぶ（かた結び）。糸端はカットせず、クルクルと糸に巻きつけて。数本どりの場合は数本まとめて結ばず、必ず1本ずつ結んでつぎ足して。そのとき、結ぶ位置を少しずつずらすと織り目が膨らまずすっきり仕上がる。

超超極太糸を上手にカットする方法

本書の作品づくりにも何度か登場する、超超極太の糸たち。ハサミでカットすると断面がものすごく目立って糸端が始末しづらく、見た目にも影響してしまいます。でも、このカット法ひとつでトラブルも解消するので、ぜひ覚えておいてください。

1 カットしたい位置の毛を広げて薄くする。

2 １で薄くした部分の両側を持って、引っぱる。最初は強めに。

3 引っぱっているとスーッと繊維がほぐれてくるので、その後は軽く引く程度に。

4 すると、こんな風に毛先がスーッと細い状態でカットできる。

待ち針のケアと、トラブル解消法

織り機に刺したピンは、常にそのまま刺しておいて織り機専用にしてもいいし、必要なときだけ刺し、普段は本来のお裁縫用に使っても。織り機からはずしたときは、布ガムテープののりで少しベタベタしますが、マニキュアの除光液でふくときれいにとれます。また、はずすときに頭がとれてしまったときは、ラジオペンチで抜くようにしましょう。

べたつきは除光液で

ペンチで引き抜く

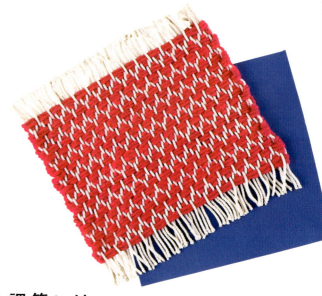

厚さ調節には、フェルトがおすすめ

おざぶは敷く場所によって、座ったときの感じが変わるもの。もう少し厚みが欲しいなと思ったときは、下におざぶより気持ち小さめにカットしたフェルトシートを１〜２枚敷いてみて。厚さも暖かさも変わってきます。フェルトは厚さ２mm以上の厚手タイプがおすすめです。

洗濯は、手洗いでやさしく

本書でご紹介しているおざぶは、もちろん洗うことができます。ただ、毛糸のおざぶはウール100％のものが多いので、おしゃれ着用の洗剤を使い、やさしく押し洗いするなど、必ず手洗いを。また、洗濯機で脱水すると縮んでしまう危険があるので、手で水気を絞って形を整え、バスタオルなどの上に広げて乾かしましょう。特に、ウールスライバー（フェルトの原毛）を使ったおざぶは気をつけて。布を使った裂き織りのおざぶも、織り地がゆがんでしまう可能性があるので、洗濯機よりも手洗いがおすすめです。

HOW TO MAKE

材料と作り方

作る前に、読んで欲しいこと

✕糸や布の分量表記について

使用グラム数のみしか表記していないものは、グラム売りの糸です（最小販売単位＝10ｇ）。使用量に合わせ、10ｇ単位で記載してあります。（たとえば、使用量が10ｇ以下の場合→10ｇ、1ｇでも出た場合→20ｇと記載）裂き布は作品で使用した分量を表記してあります。実際に使用する布の厚みや素材、織り加減によって必要量は若干変わるので、念のため作品サイズの約5〜6倍を目安に、気持ち多めにご用意ください。

✕掲載の織り図について

織り図には各作品ごとに、刺すピンの本数とたて糸のかけ方が書かれています。その中には、作図のシステム上、ピンにかかっている糸が斜めになっているものがありますが、実際の作業上では問題なく、織り地自体はまっすぐにできあがりますのでご安心ください。

✕できあがりのサイズについて

できあがりサイズは、織り機からはずした状態の大きさです。たて糸の張り方や、よこ糸の織り具合など、織り手の個人差によって若干変わる場合があります。若干の誤差があっても、使用に問題はありません。また、作品にある程度の厚みを出すために太めの糸を多用したり、糸（よこ糸）を複数本どりにして織っているものが多く、できあがりのサイズが織り機のサイズよりも大きくなっている作品もあります。記載した数値の間違いではありませんので、ご安心ください。

✕各作品の織り目について

今回ご紹介しているざぶとんについては、通常の織り地と違って厚みや保温性が必要とされるため、織り目はどの作品も基本、しっかり詰める形で作られています。図に記載されている目数や段数を参照して、しっかり詰めながら作業してください。

red and latin cross
レッド & クロス

>>> 6〜7ページ

✕ 使用糸
■ たて糸
AVRIL ジョバンニ レッド（04）70g、ポップコーン ライチ（01）10g、DARUMA LOOP レッド（2）60g（2玉 よこ糸含む）、メランジスラブ きなり（1）20g（約1/2玉 よこ糸含む）
■ よこ糸
DARUMA LOOP レッド（2）、メランジスラブ きなり（1）

✕ 使用織り機
ベースのスーパーいた織り機（幅43〜×長さ35cm）

✕ セット寸法
たて糸は4本どりで35目（幅40×長さ36cm）

✕ できあがりサイズ
40×35cm

✕ 作り方
① 織り機の上下に1cm間隔で、それぞれ38本ピンを刺し、1本おきに（ポップコーンは2本ずつ〜イラスト参照）たて糸をかける。
② よこ糸2〜4本どりで、織り図を参考に糸を変えながら織りすすめる。
③ 織りあがったら、糸端を始末して仕上げる。

＊織り方、仕上げ方は44〜47ページを参照。

✕ たて糸の配色

✕ 織り図
＊スーパーいた織り機ベース使用

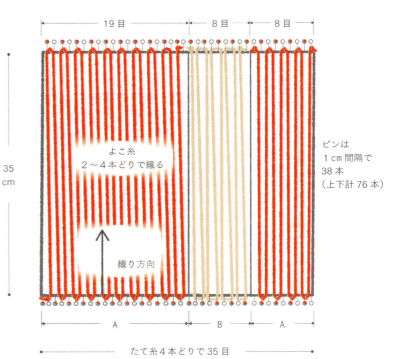

★ A部分は1目（1本）おきに B部分は2本一緒にかける

✕ よこ糸の配色

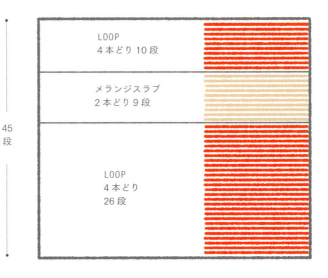

vanilla white
バニラホワイト

>>> 8〜9ページ

✗ 使用糸
すべてAVRIL
- たて糸
  ビッグロービング ホワイト（161）90g
- よこ糸
  ピカソ ホワイト（00）50g、チャイナツイスト ホワイト（10）20g、ウールスライバー ホワイト（101）100g、ジョバンニ ホワイト（01）50g、コルクシェニール ホワイト（01）10g

✗ 使用織り機
スーパーいた織り機のベースにパーツAを組み合わせて使用（幅43×長さ40cm）

✗ セット寸法
たて糸は1本どりで40目（幅41×長さ41cm）

✗ できあがりサイズ
45×40cm

✗ 作り方
① 織り機の上下に1cm間隔で、それぞれ41本ピンを刺し、1本おきにたて糸をかける。
② よこ糸2〜4本どりで、織り図を参考に糸を変えながら織りすすめる。
③ 織りあがったら、糸端を始末して仕上げる。

＊織り方、仕上げ方は44〜47ページを参照。

★ ウールスライバーの糸端は少し長さを残しておき、裏側で数目通して始末すると安定する

✗ 織り図
＊スーパーいた織り機ベース＋パーツA使用

ピンは1cm間隔で41本（上下計82本）
1目（1本）おきにたて糸をかける

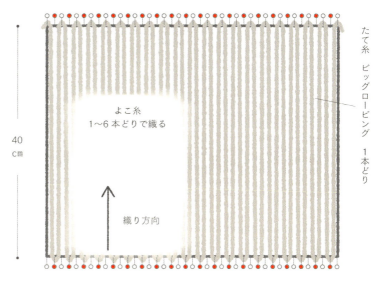

✗ よこ糸の配色

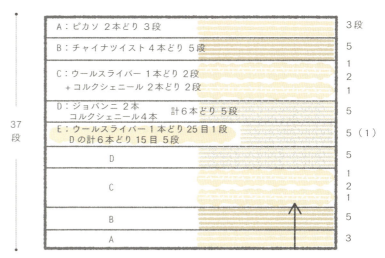

C：ウールスライバーを1本織ったら、糸を休ませて、コルクシェニールを2段織る その後再びウールスライバーで織る

E：Dまで織ったら、右から15目まではDで5段織る その隣左側25目はウールスライバーを1段織る

71

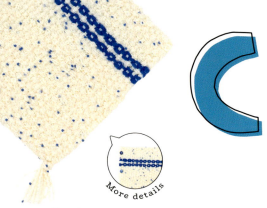

double-weaving ozabu
blue bean
袋織りおざぶ アオマメ

>>> 10〜11ページ

✕ 使用糸
すべてDARUMA
- たて糸
ポンポンウール ホワイト×ブルー（9）
105g（3と1/2玉〜よこ糸とタッセル分含む）
- よこ糸
ポンポンウール ホワイト×ブルー（9）、LOOP きなり（1）25g（約1玉〜タッセル分含む）、メランジスラブ レイクブルー（8）5g（約1/8玉）、

✕ その他の材料
直径2cm程度の青のボタン4個（作品はすべて違う余りボタンを使用）

✕ 使用織り機
ベースのスーパーいた織り機（幅43〜×長さ35cm）

✕ セット寸法
たて糸は2本どりで29目（幅35×長さ35cm）

✕ できあがりサイズ
34×34cm

✕ 作り方
① 織り機にたて糸をかけたら、よこ糸2〜4本どりで、織り図を参考に糸を変えながら織りすすめる。
② 織りあがったら、糸端を始末する。
③ 袋口のほうにボタンを縫いつける。縫い糸は、使用した糸の中でいちばん細めのものを選び、よりをほどいて、ボタン穴に通る細さにして使う。
④ アクセントのフリンジをつける。毛糸を束にし、角1箇所に通して結んで、完成。

*織り方、仕上げ方は57〜60ページを参照。

✕ フリンジのつけ方
30cmを3往復してカットつけ位置の織り目に通し、等分に2つ折りして結ぶこのとき、かけ終わりのたて糸と織りはじめのよこ糸を一緒に結ぶ

✕ 織り図
*スーパーいた織り機ベース使用

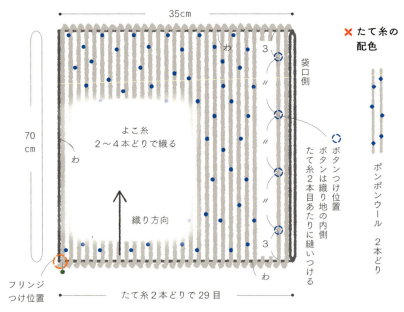

✕ よこ糸の配色

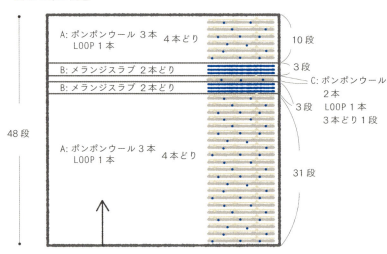

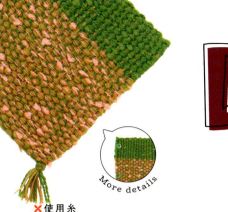

double-weaving ozabu
salmon carrot
袋織りおざぶ サーモンキャロット

>>> 10〜11ページ

✕ 使用糸

■たて糸
DARUMA メランジスラブ グラスグリーン（4）35ｇ（約1玉）、ギーク モスグリーン×サンゴ（1）55ｇ（約2玉）ともによこ糸、フリンジ分含む

■よこ糸
DARUMA メランジスラブ グラスグリーン（4）、ギーク モスグリーン×サンゴ（1）、AVRIL ポコ ピーチ（05）、グリン（33）各30ｇ

✕ その他の材料
直径2.4cmの緑色のボタン3個

✕ 使用織り機
ベースのスーパーいた織り機（幅43〜×長さ35cm）

✕ セット寸法
たて糸は3本どりで28目（幅35×長さ35cm）

✕ できあがりサイズ
34×35cm

✕ 作り方
① 織り機にたて糸をかけたら、よこ糸3〜5本どりで、織り図を参考に糸を変えながら織る。
② 織りあがったら、糸端を始末する。
③ 袋口のほうにボタンを縫いつける。縫い糸は、使用した糸の中でいちばん細めのものを選び、よりをほどいて、ボタン穴に通る細さにして使う。
④ アクセントのフリンジをつける。毛糸を束にし、角1箇所に通して結んで、完成。

＊織り方、仕上げ方は57〜60ページを参照。

✕ フリンジのつけ方
30cmを1〜2往復してカットつけ位置の織り目に通し、等分に2つ折りして結ぶ
このとき、かけ終わりのたて糸と織りはじめのよこ糸を一緒に結ぶ

✕ 織り図

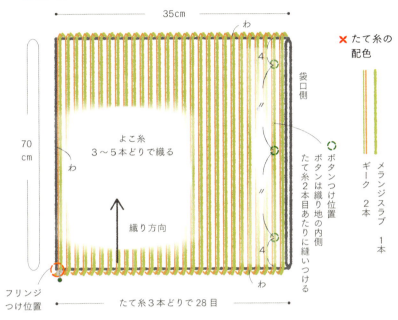

✕ よこ糸の配色

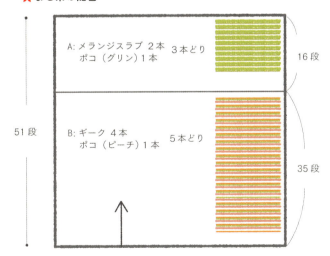

73

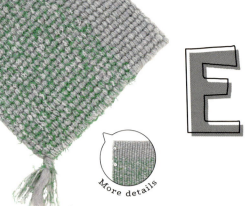

double-weaving ozabu
sprout
袋織りおざぶ スプラウト

>>> 10〜11ページ

✕ 使用糸
- たて糸
  AVRIL　ビッグロービング　L.グレー
  （172）100ｇ
- よこ糸
  DARUMA　スプラウト　ライトグレー×グリーン（2）80ｇ（2玉）、メランジスラブ　ライトグレー（6）約40ｇ（1玉弱）
  ともにノリンジ分含む、AVRIL　スラブリング　L.グレー（176）30ｇ

✕ その他の材料
直径2cmの貝ボタン4個

✕ 使用織り機
ベースのスーパーいた織り機（幅43〜×長さ35cm）

✕ セット寸法
たて糸は1本どりで26目（幅36×長さ35cm）

✕ できあがりサイズ
35×36cm

✕ 作り方
① 織り機にたて糸をかけたら、よこ糸2〜4本どりで、織り図を参考に糸を変えながら織る。
② 織りあがったら、糸端を始末する。
③ 袋口のほうにボタンを縫いつける。縫い糸は、使用した糸の中でいちばん細めのものを選び、よりをほどいて、ボタン穴に通る細さにして使う。
④ アクセントのフリンジをつける。毛糸を束にし、角1箇所に通して結んで、完成。

＊織り方、仕上げ方は57〜60ページを参照。

✕ フリンジのつけ方
30cmを3往復してカットつけ位置の織り目に通し、等分に2つ折りして結ぶ
このとき、かけ終わりのたて糸と織りはじめのよこ糸を一緒に結ぶ

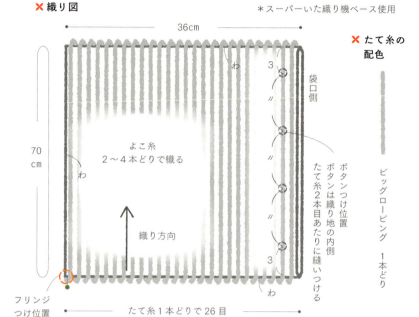

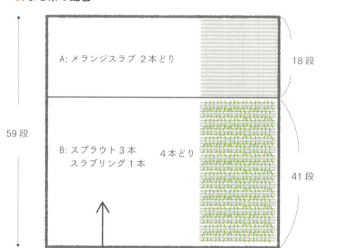

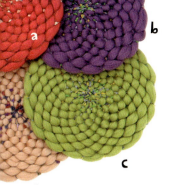

fluffy macaroon
もこもこマカロン

>>> 12〜13ページ

✗ 使用糸

すべてAVRIL

a ■たて糸　ビッグポンポン　ブラウン（600）10g
　■よこ糸　ウールスライバー　ストロベリーケーキ（10）200g

b ■たて糸　ポンポンモール　緑絣（53）10g
　■よこ糸　ウールスライバー　グレープゼリー（9）200g

c ■たて糸　ポンポンモール　緑絣（53）10g
　■よこ糸　ウールスライバー　豆（16）200g

d ■たて糸　ビッグポンポン　パープル（984）10g
　■よこ糸　ウールスライバー　クッキー（15）200g

✗ 使用織り機

直径33cmのサークルいた織り機（円周を10度ごとに分割して対角線を引く［36分割］）

✗ セット寸法

たて糸は1〜2本どりで、36目（織り機に対角線状にかけていく）

✗ できあがりサイズ

直径約35cm（よこ糸をしっかりと詰めて織るため、織り機からはずして織り目を整えると織り機サイズよりも大きくなります）

✗ 作り方

① 織り機の周囲に36本ピンを刺し、たて糸をかけたら（36目）、2目を別の糸で結び、ひとつにまとめて35目にする。

② 中心から交互によこ糸を通して織りすすめ、織り機の縁まで来たら、たて糸を詰め気味にしっかりと織る。

③ 織りあがったら①で結んでいた糸をとり、織り機からはずして形を整える。

＊織り方、仕上げ方は51〜53ページを参照。

〉Point 〈

よこ糸をたて糸に通すときは、たて糸3〜4本ずつ。その際、指でたて糸を少し持ち上げ、浮かしながらよこ糸を通すとスムーズに作業できます。よこ糸に使ったウールスライバーは、素材の特性上、太さが一定でない部分がありますが、作業上は問題ありません。上記の必要量で作れば、同じサイズにできあがります。

✗ 織り図

＊直径33cmのサークルいた織り機使用

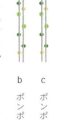

✗ たて糸の配色

a	b	c	d
ビッグポンポン　ブラウン　1本どり	ポンポンモール　緑絣　2本どり	ポンポンモール　緑絣　2本どり	ビッグポンポン　パープル　1本どり

1箇所2本一緒に結んで織りはじめの目印にピンを刺しておく

36本ピンを刺す

たて糸のかけはじめとかけ終わりの糸端を隣のピンにかけてからませ、クリップでとめておく

たて糸は36目かける

よこ糸はギリギリまでしっかり締めて織る10〜12段

よこ糸は織り機の裏から表に出し、糸端を5cmほど裏に残しておく

75

lollipop
ペロペロキャンディー

>>> 14ページ

✗ 使用糸
すべてAVRIL
■たて糸
　ラッセルキャンディー　ライム（04）10g
■よこ糸
　ウールスライバー　イエロー（26）、風船ガム（13）、ターコイズ（27）、チリペッパー（19）各40g、チーズケーキ（4）70g、タンジェリン（34）80g、チャイナツイスト　ホワイト（10）10g

✗ 使用織り機
直径40cmのサークルいた織り機（円周を10度ごとに分割して対角線を引く［36分割］）

✗ セット寸法
たて糸は1本どりで、36目（織り機に対角線状にかけていく）

✗ できあがりサイズ
直径約41cm（よこ糸をしっかりと詰めて織るため、織り機からはずして織り目を整えると織り機サイズよりも大きくなります）

✗ 作り方
① 織り機の周囲に36本ピンを刺し、たて糸をかけたら（36目）、2目を別の糸で結び、ひとつにまとめて35目にする。
② 中心から交互によこ糸を通して、織り図を参考に糸を変えながら織りすすめる。
③ 織り機の縁まで来たら、たて糸を詰め気味にしっかりと織る。
④ 織りあがったら①で結んでいた糸をとり、織り機からはずして形を整える。

＊織り方、仕上げ方は51～53ページを参照。

✗ 織り図
＊直径40cmのサークルいた織り機使用

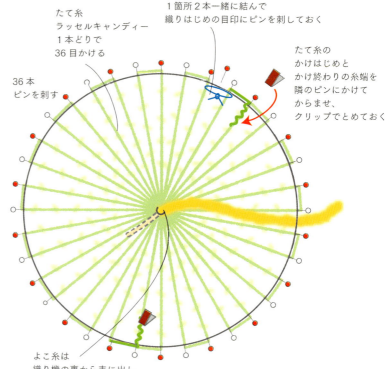

たて糸
ラッセルキャンディー
1本どりで
36目かける

36本
ピンを刺す

1箇所2本一緒に結んで
織りはじめの目印にピンを刺しておく

たて糸の
かけはじめと
かけ終わりの糸端を
隣のピンにかけて
からませ、
クリップでとめておく

よこ糸は
織り機の裏から表に出し、
糸端を5cmほど
裏に残しておく

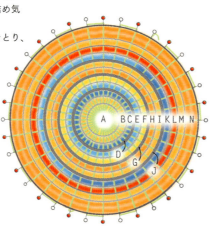

✗ よこ糸の配色
（中心から順番に）
A：ウールスライバー　イエロー　3段
B：ウールスライバー　チーズケーキ　1段
C：ウールスライバー　ターコイズ　1段
D：チャイナツイスト　　　1段
E：ウールスライバー　風船ガム　1段
F：ウールスライバー　イエロー　1段
G：チャイナツイスト　　　2段
H：ウールスライバー　タンジェリン　1段
I：ウールスライバー　チーズケーキ　1段
J：チャイナツイスト　　　2段
K：ウールスライバー　風船ガム・ターコイズ
　　　　　　　　　　　　1/2段ずつ
L：ウールスライバー　チリペッパーに
　　たて糸を巻きつける　1段
M：ウールスライバー　チーズケーキ　1段
N：ウールスライバー　タンジェリン　2段

H pastel flower
パステルフラワー

>>> 15ページ

✖ 使用糸
すべてAVRIL
- たて糸
  ピカソ　ライム（176）、オパール（24）各100g、ホワイト（00）30g（すべてよこ糸含む）
- よこ糸
  ピカソ　ライム（176）、オパール（24）、ホワイト（00）、ポップコーン　ライチ（01）10g

✖ その他の材料
布用ボンド（貼り仕事）、手縫い糸

✖ 使用織り機
直径12cmのサークルいた織り機（円周を20度ごとに分割して対角線を引く［18分割］）

✖ セット寸法
たて糸は1本どりで18目（織り機に対角線状にかけていく）

✖ できあがりサイズ
40×40cm

✖ 作り方
① 織り機の周囲に18本ピンを刺し、たて糸をかけたら、よこ糸2本どりで織りすすめる。
② 織りあがったら、糸端を始末する。これをライムとオパール2色の糸でそれぞれ4枚ずつ作る。4枚のうち2枚には、よこ糸にポップコーンを足して織る。
③ さらに白の糸でもう1枚作る。
④ ③を中心にして、その周囲に②の8枚を少しずつ重ねながら並べる。布用ボンド少々で仮止めしたら、重なり合っている縁を表裏両面からまつり縫いしてつなげて仕上げる。

＊織り方は51〜53ページを参照。

✖ 織り図

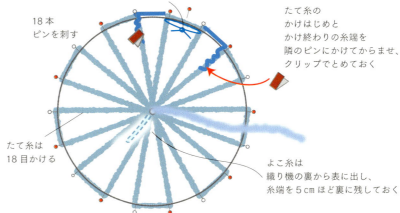

✖ まとめ方

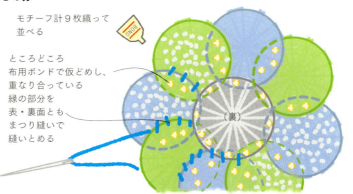

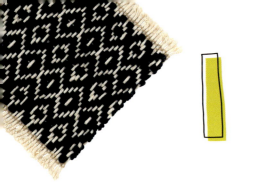

ozabu with woven patterns
diamond
模様織りおざぶ ダイヤ

>>> 16〜17ページ

✕ 使用糸
■たて糸
メルヘンアート ジュートコード・太 生成（391）約4/5カセ（24m）
■よこ糸
ハマナカ ドゥー！ 黒（8）70ｇ（4/5玉）、メルヘンアート 麻ひもスペシャル（太さ2㎜）約2ｍ（1玉は約100m）

✕ 使用織り機
スーパーいた織り機のベースにパーツBを組み合わせて使用（幅43〜×長さ50㎝）

✕ セット寸法
たて糸は1本どりで49目（幅37×長さ50㎝）

✕ できあがりサイズ
36×39㎝（フリンジ含む）

✕ 作り方
① 織り機の上下に1.5㎝間隔で、ピンをそれぞれ26本刺したら、たて糸をかける。
② フリンジ仕上げ分（7㎝程度）をとり、模様織り図案を参考にしながら、よこ糸2本どりで織りすすめる。
③ 織りあがったら、フリンジをつける場合の方法（ボンドを使わない場合〜48ページ）でたて糸を始末して仕上げる。

＊織り方、仕上げ方は44〜49ページを参照。

❯ Point ❮
よこ糸をつぎ足すときは、ちょうどたて糸の下（裏）を通る位置でよこ糸同士を結んでつなげると、表からは結び目が隠れると同時に模様が乱れることなく、見た目がきれいに仕上がります。結び目の両端の糸は、織り地の裏でよこ糸数目に通し、余分をカットして。

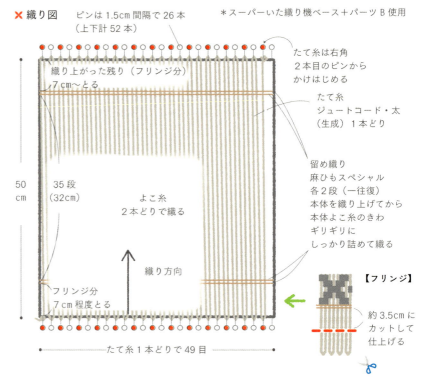

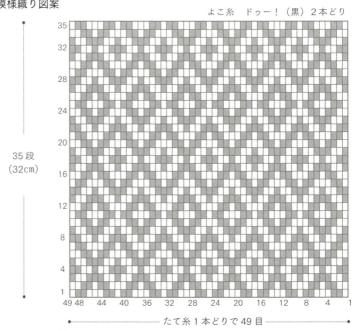

ozabu with woven patterns
uneven
模様織りおざぶ デコボコ

>>> 18ページ

✖ 使用糸
- たて糸
  メルヘンアート　コットンコード・ソフト5　生成（251）1カセ（27m）
- よこ糸
  クロバー　ルネッタ　ピンク（60-508）70g（約4/5玉）

✖ その他の材料
布用（布補修）ボンド

✖ 使用織り機
スーパーいた織り機のベースにパーツBを組み合わせて使用（幅43〜×長さ50cm）

✖ セット寸法
たて糸は1本どりで60目（幅40×長さ50cm）

✖ できあがりサイズ
38×39cm（フリンジ含む）

✖ 作り方
① 織り機の上下に1.3cm間隔で、ピンをそれぞれ32本を刺したら、たて糸をかける。
② フリンジ仕上げ分（7cm程度）をとって、模様織り図案を参考にしながら、よこ糸2本どりで織りすすめる。
③ 織りあがったら、フリンジをつける場合の方法（ボンドで仕上げる場合〜48ページ）でたて糸を始末して仕上げる。

＊織り方、仕上げ方は44〜49ページを参照。

❯ Point ❮
よこ糸をつぎ足すときは、ちょうどたて糸の下（裏）を通る位置でよこ糸同士を結んでつなげると、表からは結び目が隠れると同時に模様が乱れることなく、見た目がきれいに仕上がります。結び目の両端の糸は、織り地の裏でよこ糸数目に通し、余分をカットして。

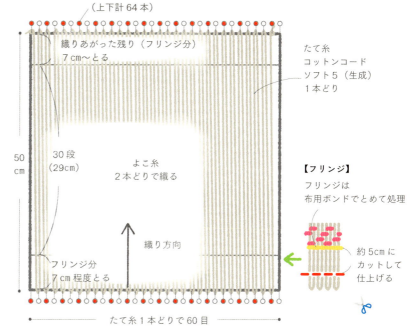

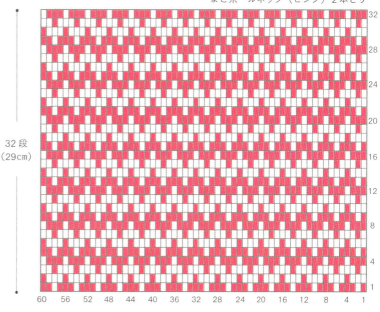

ozabu with woven patterns
chevron
模様織りおざぶ 山形

>>> 19ページ

✕ 使用糸
- たて糸
  メルヘンアート コットンコード・ソフト
  5 生成（251）1カセ（27m）
- よこ糸
  クロバー ルネッタ ブルー（60-577）
  60g（約3/5玉）

✕ その他の材料
布用（布補修）ボンド

✕ 使用織り機
スーパーいた織り機のベースにパーツBを組み合わせて使用（幅43〜×長さ50cm）

✕ セット寸法
たて糸は1本どりで60目（幅40×長さ50cm）

✕ できあがりサイズ
38×38cm（フリンジ含む）

✕ 作り方
① 織り機の上下に1.3cm間隔で、ピンをそれぞれ32本を刺したら、たて糸をかける。
② フリンジ仕上げ分（7cm程度）をとって、模様織り図を参考にしながら、よこ糸2本どりで織りすすめる。
③ 織りあがったら、フリンジをつける場合の方法（ボンドで仕上げる場合〜48ページ）でたて糸を始末して仕上げる。

＊織り方、仕上げ方は44〜49ページを参照。

》Point《
よこ糸をつぎ足すときは、ちょうどたて糸の下（裏）を通る位置でよこ糸同士を結んでつなげると、表からは結び目が隠れると同時に模様が乱れることなく、見た目がきれいに仕上がります。結び目の両端の糸は、織り地の裏でよこ糸数目に通し、余分をカットして。

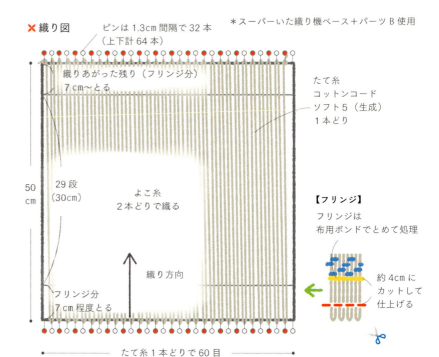

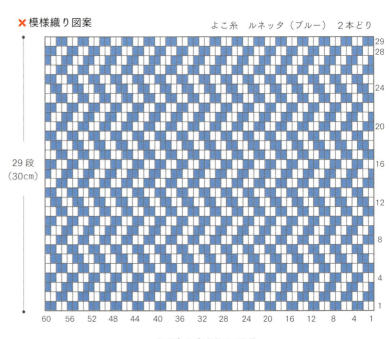

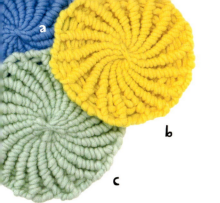

coil weaving ozabu
巻き織りおざぶ

>>> 20〜21ページ

✕ 使用糸
すべてAVRIL
- a ■たて糸、よこ糸ともにビッグロービング L.ブルー（173）160g
- b ■たて糸、よこ糸ともにビッグロービング イエロー（174）160g
- c ■たて糸、よこ糸ともにビッグロービング メロン（6）160g

✕ 使用織り機
直径33cmのサークルいた織り機（円周を20度ごとに分割して対角線を引く［18分割］。さらに、別の色などで15度ごとに分割した対角線も引いておく［24分割］）

✕ セット寸法
たて糸1本どりで、bは18目、aとcは24目（織り機に対角線状にかけていく）

✕ できあがりサイズ
直径34cm（よこ糸をしっかりと詰めて織るため、織り機からはずして織り目を整えると織り機サイズよりも大きくなります）

✕ 作り方
1. 織り機の周囲にピンを18本（または24本）刺したら、たて糸をかける。
2. よこ糸2本どりで、織りすすめる。
3. 織りあがったら織り機からはずし、残っているよこ糸をそのまま、たて糸と最後の段のよこ糸にクルクルと巻きつけて縁どりを作る。糸端も始末して仕上げる。

＊織り方と糸端の始末は64〜66ページを参照。

❯ Point ❮
最後に近づき、よこ糸が入りづらくなってきたら、手前のよこ糸を下に押しながら通し、ギリギリまで織ります。よこ糸は引っぱりすぎると織り機からはずしたときに、織り地が丸まってしまうので、注意しましょう。

✕ 織り図
＊直径33cmのサークルいた織り機使用

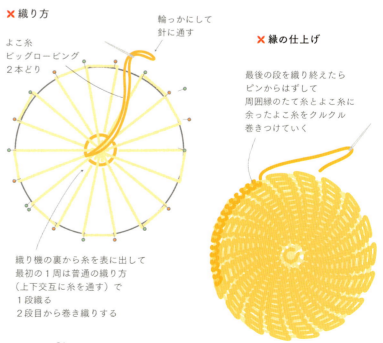

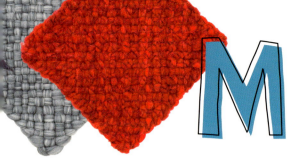

×× texture ozabu
GRAY / RED
×× 織りおざぶ　グレー／レッド

>>> 22～23ページ

GRAY

✕ 使用糸
- たて糸、よこ糸ともに内藤商事　あむあーむ　ライトグレー（5）約4/5玉（約230g）

✕ その他の材料
ブルーグレーの革　3.5×9cm、同色の平革ひも約10cmを2本、布のタグ1枚、直径1cmのボタン1個、布用ボンド（貼り仕事）

✕ 使用織り機
40×40cmのバッテン織り用いた織り機

✕ できあがりサイズ
39×39cm

✕ 作り方
① 図を参考に織り機にピンを刺し54～56ページを参照して織りすすめる。
② 織りあがったら糸端を始末し形を整える。
③ 革をタグ形にカット。起毛した裏面を表にして上に布タグ（写真は洋服についていたものを利用）とボタンを貼りつける。
④ ③の両端に目打ちで穴をあけ、同色の革ひもを通して、②に取りつける。

✕ 織り図
一辺16本のピンを刺す
（角のピン4本は各辺に含む）
たて糸＆よこ糸
あむあーむ1本どりで織る
2.7cm間隔　2.6cm間隔　2.7cm間隔

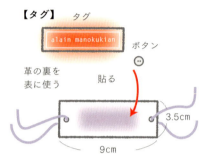

【タグ】
タグ　ボタン
革の裏を表に使う　貼る
3.5cm
9cm

同じ革をひも状にカットして穴に通し、織り目に通して結ぶ

> Point <
使用している糸はとじ針が通らないので、通すときも詰めるときも指で作業します。ライトグレーの糸は割れやすいので、ピンにひっかけないよう注意しながら織りすすめましょう。

RED

✕ 使用糸
- たて糸、よこ糸ともにクロバー　モフモ赤（60-497）1玉（150g）

✕ その他の材料
ライトブラウンの革2.3×4.5cm、太さ2mmの丸革ひも20cm、好みのスタンプと布用スタンプインク（黒）

✕ 使用織り機
35×35cmのバッテン織り用いた織り機

✕ できあがりサイズ
36×36cm

✕ 作り方
① 図を参照しながら織り機にピンを刺す。
② 糸玉の巻きはじめと終わり両方から糸を出し、合わせて2本どりにして、54～56ページを参照して織りすすめる。
③ 織りあがったら織りはじめの糸端を始末し、形を整える。織り終わりの糸は織り地の角でひと結びしてループ状に残す。
④ 革をタグ形にカットし、好みのスタンプを押す。目打ちで穴をあけ革ひもを通す。
⑤ ④をループ状の結び目に取りつける。

✕ 織り図
一辺14本のピンを刺す
（角のピン4本は各辺に含む）
たて糸＆よこ糸
モフモ2本どりで織る
2.6cm　2.7cm間隔　2.6cm

両側の糸端を合わせ（一方は輪っかの状態）合わせた糸端側から織りはじめる

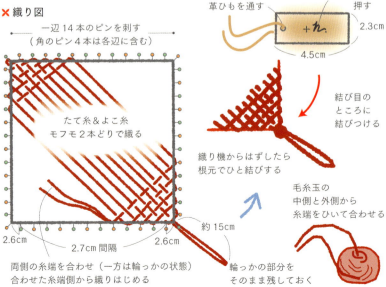

【タグ】
革に穴をあけて革ひもを通す　好みのスタンプを押す
2.3cm
4.5cm

結び目のところに結びつける

織り機からはずしたら根元でひと結びする

約15cm

輪っかの部分をそのまま残しておく

毛糸玉の中側と外側から糸端をひいて合わせる

82

ozabu of the natural material
indigo
自然素材で織るおざぶ インディゴ

≫ 24ページ

✕ 使用糸
- たて糸、よこ糸ともにメルヘンアート 樹皮もどき インディゴ（654）70g（2と1/3玉）

✕ その他の材料
布用ボンド（貼り仕事）

✕ 使用織り機
直径33cmのサークルいた織り機（円周を10度ごとに分割して対角線を引く［36分割］）

✕ セット寸法
たて糸は3本どりで、36目（織り機に対角線状にかけていく）

✕ できあがりサイズ
直径33cm

✕ 作り方
① 織り機の周囲に36本ピンを刺し、たて糸をかけたら（36目）、2目を別の糸で結び、ひとつにまとめて35目にする。
② よこ糸4本どりで、織り図を参考に、基本の平織りと巻き織りを交互に繰り返しながら織りすすめる。
③ 織りあがったら織り機からはずし、糸端を始末する。続けて2本どりの糸を、たて糸と最後の段のよこ糸に、ところどころ布用ボンドをつけながらクルクルと巻きつけて縁どりを作る。

＊織り方と糸端の始末は51～53、64～66ページを参照。

❯ Point
糸巻きからよこ糸を4本どりにとるときは、4本に切り分けてしまわず、折りたたみながら4本（または2本ずつ）とると、次に糸をつなぐときに"輪っか"部分を利用できてラク（47ページの糸のつなぎ方参照）。糸端を始末した際、先が織り地からピンと飛び出して収まりが悪いときは、布用ボンドをつけ、貼っておさえるようにするときれいに仕上がります。（84～85ページのおざぶも同様です）

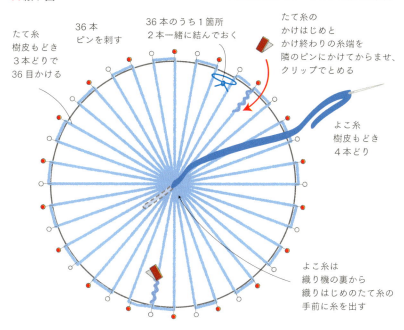

✕ 織り図

＊直径33cmのサークルいた織り機使用

たて糸 樹皮もどき 3本どりで 36目かける

36本ピンを刺す

36本のうち1箇所 2本一緒に結んでおく

たて糸のかけはじめとかけ終わりの糸端を隣のピンにかけてからませ、クリップでとめる

よこ糸 樹皮もどき 4本どり

よこ糸は織り機の裏から織りはじめのたて糸の手前に糸を出す

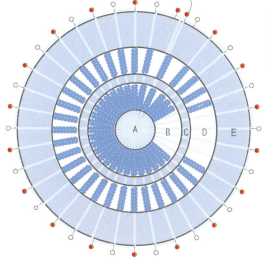

✕ よこ糸の織り図

織りはじめの目印にピンを1本刺しておく

（中心から順番に）
A：平織り（基本の織り） 5段
B：巻き織り 6段
C：平織り 6段
D：巻き織り 7段
E：平織り 17段～

★最後の平織りはたて糸に糸が入らなくなるまでしっかり詰めて織る（目安は17段～）

✕ 縁の仕上げ

周囲の糸にところどころ布用ボンドをつけながら糸2本どりで巻きつける

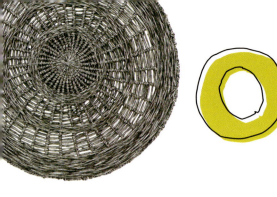

ozabu of the natural material ash
自然素材で織るおざぶ アッシュ

>>> 25ページ

✖ 使用糸
- たて糸、よこ糸ともにメルヘンアート　樹皮もどき　アッシュ（653）100ｇ（3と1/3玉）

✖ その他の材料
布用ボンド（貼り仕事）

✖ 使用織り機
直径40cmのサークルいた織り機（円周を10度ごとに分割して対角線を引く［36分割］）

✖ セット寸法
たて糸は3本どりで、36目（織り機に対角線状にかけていく）

✖ できあがりサイズ
直径40cm

✖ 作り方
1. 織り機の周囲に36本ピンを刺し、たて糸をかけたら（36目）、2目を別の糸で結び、ひとつにまとめて35目にする。
2. よこ糸4本どりで、織り図を参考に、基本の平織りと巻き織りを交互に繰り返しながら織りすすめる。
3. 織りあがったら織り機からはずし、糸端を始末する。続けて2本どりの糸を、たて糸と最後の段のよこ糸に、ところどころ布用ボンドをつけながらクルクルと巻きつけて縁どりを作る。

＊織り方と糸端の始末は51～53、64～66ページを参照。

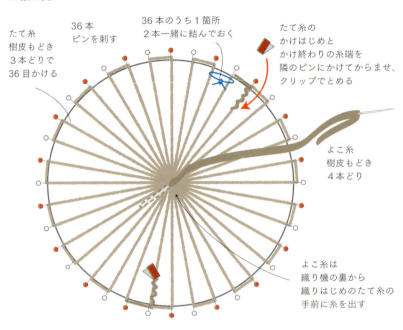

✖ 織り図　　＊直径40cmのサークルいた織り機使用

たて糸 樹皮もどき 3本どりで 36目かける

36本 ピンを刺す

36本のうち1箇所 2本一緒に結んでおく

たて糸のかけはじめとかけ終わりの糸端を隣のピンにかけてからませ、クリップでとめる

よこ糸 樹皮もどき 4本どり

よこ糸は織り機の裏から織りはじめのたて糸の手前に糸を出す

✖ よこ糸の織り図

織りはじめの目印にピンを1本刺しておく

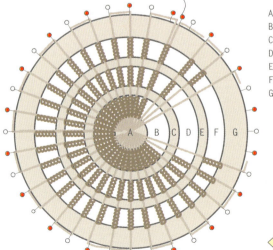

（中心から順番に）
A：平織り（基本の織り）　5段
B：巻き織り　6段
C：平織り　6段
D：巻き織り　7段
E：平織り　6段
F：巻き織り　8段
G：平織り　15段～

★最後の平織りはたて糸に糸が入らなくなるまでしっかり詰めて織る（目安は15段～）

✖ 縁の仕上げ

周囲の糸にところどころ布用ボンドをつけながら糸2本どりで巻きつける

natural material and cloth
自然素材と裂き布のコンビおざぶ
>>> 26ページ

✕ 使用糸
- **たて糸**
  メルヘンアート 樹皮もどき クリーム（651）60g（2玉〜よこ糸含む）
- **よこ糸**
  メルヘンアート 樹皮もどき クリーム（651）、コットン地（ストライプ、ドット、ギンガム、無地、その他好みのもの）幅2.5cmのテープ状にカットしたものを合計12m程度用意する。

✕ その他の材料
布用ボンド（貼り仕事）

✕ 使用織り機
直径33cmのサークルいた織り機（円周を10度ごとに分割して対角線を引く［36分割］）

✕ セット寸法
たて糸は3本どりで、36目（織り機に対角線状にかけていく）

✕ できあがりサイズ
直径34cm

✕ 作り方
① 織り機の周囲に36本ピンを刺し、たて糸をかけたら（36目）、2目を別の糸で結び、ひとつにまとめて35目にする。
② よこ糸4本どりで、織り図を参考に、基本の平織りと巻き織りを繰り返しながら織りすすめる。
③ 直径30cmまで織ったら、よこ糸を裂き織りに変え、いろんな種類の布をアトランダムに貼りつなぎながら織りすすめる。
④ 織りあがったら織り機からはずし、糸端を始末する。

*織り方と糸端の始末は51〜53、64〜66ページを参照。

❯ Point ❮
裂き布は、薄手〜普通地のコットンならどんな色柄のものでもOK。基本は幅2.5cmにカットしますが、詰めて織っていくので多少幅が変わっても問題ないし、長さも長短いろいろつなげて大丈夫です。

✕ 織り図
*直径33cmのサークルいた織り機使用

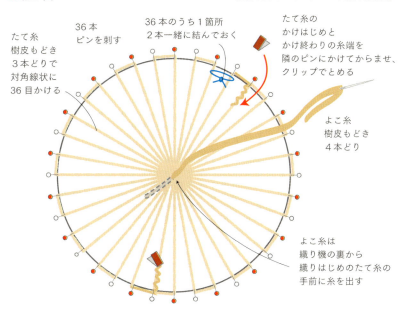

✕ よこ糸の織り図

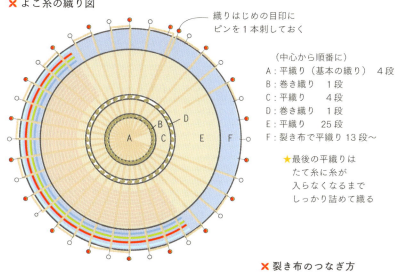

（中心から順番に）
A：平織り（基本の織り） 4段
B：巻き織り 1段
C：平織り 4段
D：巻き織り 1段
E：平織り 25段
F：裂き布で平織り 13段〜

★最後の平織りはたて糸に糸が入らなくなるまでしっかり詰めて織る

✕ 裂き布のつなぎ方

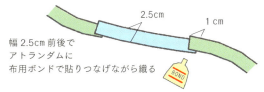

幅2.5cm前後でアトランダムに布用ボンドで貼りつなげながら織る

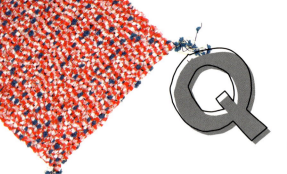

ozabu of the gingham check
ギンガムチェックの裂き織りおざぶ
>>> 27ページ

❌ 使用糸
■ たて糸
　AVRIL ポップコーン ソーダ（05）10g、
　綿カール クリーム（03）10g
■ よこ糸
　赤のコットン地ギンガムチェック 110cm
　幅を92cm
　＊4cm幅に23枚カットしておく

❌ その他の材料
布用ボンド（貼り仕事）

❌ 使用織り機
スーパーいた織り機のベース（幅43〜×長さ35cm）

❌ セット寸法
たて糸は2本どりで35目（幅35×長さ35cm）

❌ できあがりサイズ
34×35cm

❌ 作り方
① 織り機の上下に1cm間隔で、ピンをそれぞれ36本刺したら、上下とも右端から2本目のピンから、2種類のたて糸を交互にかける。
② よこ糸用の裂き布の端をたたんでとじ針に通し、しっかりと詰めながら織りすすめる。
③ 織りあがったら、織り機からはずす。
④ たて糸用の糸2種類をカットして束ね、角4カ所に通して結び、フリンジを作る。このとき、織りはじめと織り終わりのたて糸端も一緒に束ねて、結ぶ。

＊織り方と糸端の始末は42〜47、49ページを参照。

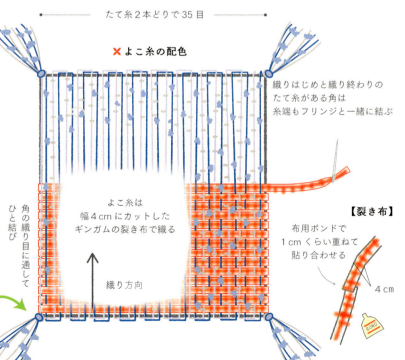

86

hand knotted ozabu
greek closs
ノット織りおざぶ 十字

>>> 28ページ

✕ 使用糸

■たて糸
メルヘンアート　麻ひもスペシャル（太さ2mm）約4/5玉（約120 g）

■よこ糸
パピー　ブリティッシュエロイカ　190（エメラルドブルー）215 g（約4と1/4玉）、202（ライトグリーン）140 g（約2と4/5玉）

✕ その他の材料
8×8〜cmの厚紙1枚

✕ 使用織り機
スーパーいた織り機のベースにパーツBを組み合わせて使用（幅43〜×長さ50cm）

✕ セット寸法
たて糸は1本どりで82目（幅40×長さ50cm）

✕ できあがりサイズ
41×44cm（フリンジ含む）

✕ 作り方

① 織り機の上下に1cm間隔で、ピンをそれぞれ41本刺し、たて糸をかける。
② 厚紙によこ糸（毛糸2色）を3周巻きつけて（48cm）カットし、束状にしておく。
③ ②をたて糸2本に通し、両端を合わせて持ったら、通したたて糸2本の間をくぐらせて下におろす。同様にして、端まで織りすすめる。これで1段。
④ 1段織ったら、今度は麻ひものよこ糸を通して一往復（2段）織り、しっかり詰める。
⑤ ③④の作業を繰り返して最後まで織りあがったら、たて糸を2本ずつはずしながら結び、好きな長さに切り揃える。
⑥ よこ糸のループ部分をカットし、全体に平らになるように切り揃えて仕上げる。

＊織り方と糸端の始末は61〜63ページを参照。

【ノット織り用よこ糸】

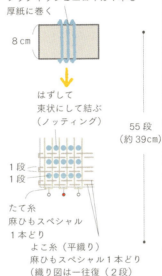

✕ 織り図
＊スーパーいた織り機ベース＋パーツB使用

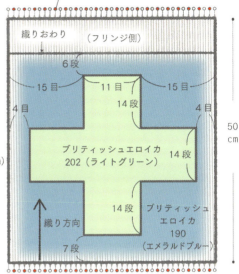

✕ 織り方

★よこ糸は8cm×6の糸束と麻ひも1本どりを交互に織る

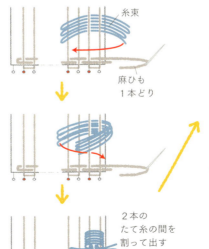
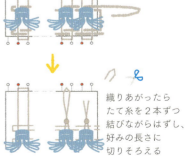

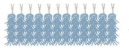

hand knotted ozabu
geometric letter
ノット織りおざぶ 幾何学文字

>>> 29ページ

✕ 使用糸
- たて糸
  メルヘンアート 麻ひもスペシャル（太さ2mm）約3/5玉（約100ｇ）
- よこ糸
  パピー ブリティッシュエロイカ 206（イエロー）160ｇ（3と1/5個）、197（モスグリーン）90ｇ（1と4/5玉）

✕ その他の材料
8×8〜cmの厚紙1枚

✕ 使用織り機
スーパーいた織り機のベースにパーツBを組み合わせて使用（幅43〜×長さ50cm）

✕ セット寸法
たて糸は1本どりで70目（幅35×50cm）

✕ できあがりサイズ
37×39cm（フリンジ含む）

✕ 作り方
① 織り機の上下に1cm間隔で、ピンをそれぞれ35本刺し、たて糸をかける。
② 厚紙によこ糸（毛糸2色）を3周巻きつけて（48cm）カットし、束状にしておく。
③ ②をたて糸2本に通し、両端を合わせて持ったら、通したたて糸2本の間をくぐらせて下におろす。同様にして、端まで織りすすめる。これで1段。
④ 1段織ったら、今度は麻ひものよこ糸を通して一往復（2段）織り、しっかり詰める。
⑤ ③④の作業を繰り返して最後まで織りあがったら、たて糸を2本ずつはずしながら結び、好きな長さに切り揃える。
⑥ よこ糸のループ部分をカットし、全体に平らになるように切り揃えて仕上げる。

＊織り方と糸端の始末は61〜63ページを参照。

【ノット織り用よこ糸】
よこ糸（ノット織り）
ブリティッシュエロイカ1本を厚紙に巻く
8cm

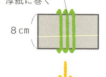

はずして束状にして結ぶ（ノッティング）

1段
1段

たて糸
麻ひもスペシャル
1本どり

よこ糸（平織り）
麻ひもスペシャル1本どり

★織り図は一往復（2段）1段で表記

✕ 織り図
＊スーパーいた織り機ベース＋パーツB使用

ピンは1cm間隔で35本（上下計70本）

織りおわり（フリンジ側）

ブリティッシュエロイカ 206（イエロー） 14段

16目 3目 16目
ブリティッシュエロイカ 197（モスグリーン）
18段

47段（約34cm）

50cm

織り方向

15段

たて糸1本どりで70目
（ノット織り部分はたて糸2本で1目〜計35目）

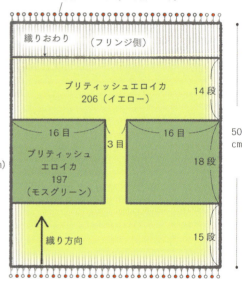

✕ 織り方
よこ糸は8cm×6の糸束と麻ひも1本どりを交互に織る

糸束

麻ひも
1本どり

2本のたて糸の間を割って出す

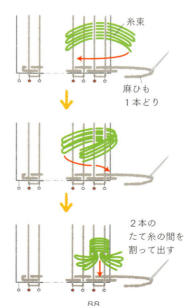

糸束で1段織ったら
麻ひもスペシャルで一往復織る
これを繰り返す

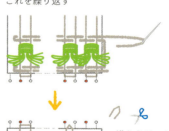

織りあがったらたて糸を2本ずつ結びながらはずし、好みの長さに切りそろえる

毛先をカットして全体が平らになるよう整える

ozabu of cloth and woolen collaboration
blue & white
布と毛糸のコラボおざぶ ブルー ＆ ホワイト

>>> 30ページ

✕ 使用糸
■たて糸
ハマナカ　コマコマ　ブルー（16）20g
（1/2玉）
■よこ糸
青の綿麻地　146cm幅を52cm
＊4cm幅に13枚カットしておく
ハマナカ　ソノモノループ　白（51）30g
（3/4玉）

✕ その他の材料
布用ボンド（貼り仕事）

✕ 使用織り機
スーパーいた織り機のベースにパーツAを組み合わせて使用（幅43〜×長さ40cm）

✕ セット寸法
たて糸は1本どりで42目（幅41×長さ40cm）

✕ できあがりサイズ
38×40cm

✕ 作り方
1) 織り機の上下に2cm間隔で、ピンをそれぞれ22本刺し、たて糸をかける。
2) よこ糸用の裂き布の端をたたんでとじ針に通し、しっかりと詰めながら織りすすめる。
3) 織り図を参照し、毛糸のよこ糸（2本どり）も織り合わせ、最後まで織ったら糸端を始末する。
4) 織り機からはずしたら、同じ毛糸1本どりで、毛糸の織り地の左右の端と裂き織り地をかがるようにしながら縫い合わせる。

＊織り方と糸端の始末は44〜47、49ページを参照。

❯ Point ❮
毛糸のよこ糸は、隣りの裂き織りと同じ段数でなくてOK。段数を気にせず、気持ち詰め気味に織ると、よりふっくらとした織り地になり、布部分とのコントラストが出て楽しい仕上がりになります。

✕ 織り図
＊スーパーいた織り機ベース＋パーツA使用

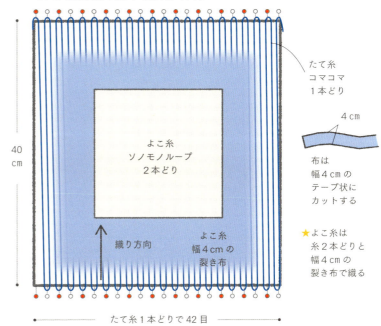

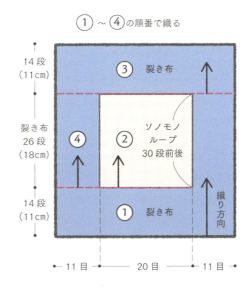

✕ よこ糸の配色と織る順番

ozabu of cloth and woolen collaboration
khaki & light gray
布と毛糸のコラボおざぶ　カーキ＆ライトグレー

>> 31ページ

✗ 使用糸
■たて糸
　ハマナカ　コマコマ　オレンジ（8）20g
　（1/2玉）
■よこ糸
　カーキ色の薄手デニム地　110cm幅を70cm
　＊4cm幅に17枚カットしておく

　ハマナカ　ソノモノループ　ライトグレー
　（52）35g（約1玉）

✗ その他の材料
布用ボンド（貼り仕事）

✗ 使用織り機
スーパーいた織り機のベースにパーツAを組み合わせて使用（幅43〜×長さ40cm）

✗ セット寸法
たて糸は1本どりで40目（幅39×長さ40cm）

✗ できあがりサイズ
37×40cm

✗ 作り方
① 織り機の上下に2cm間隔で、ピンをそれぞれ21本刺し、たて糸をかける。
② よこ糸用の裂き布の端をたたんでとじ針に通し、しっかりと詰めながら織りすすめる。
③ 織り図を参照し、毛糸のよこ糸（2本どり）も織り合わせ、最後まで織ったら糸端を始末する。
④ 織り機からはずしたら、同じ毛糸1本どりで、毛糸の織り地の左右の端と裂き織り地をかがるようにしながら縫い合わせる。

＊織り方と糸端の始末は44〜47、49ページを参照。

❯ Point
毛糸のよこ糸は、隣の裂き織りと同じ段数でなくてOK。段数を気にせず、気持ち詰め気味に織ると、よりふっくらとした織り地になり、布部分とのコントラストが出て楽しい仕上がりになります。

✗ 織り図
＊スーパーいた織り機ベース＋パーツA使用

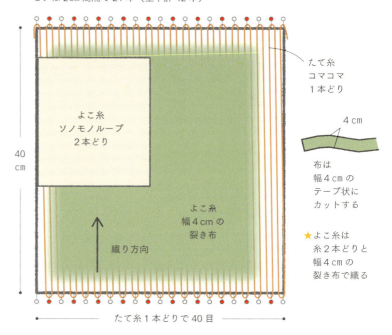

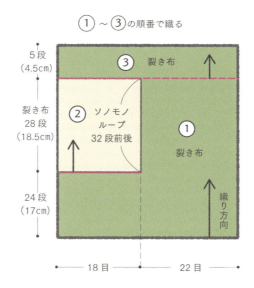

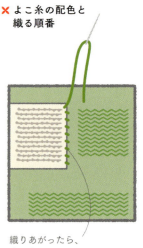

soft cocoa bread
ふわふわココアブレッド
>>> 32ページ

✖ **使用糸**
- たて糸
  AVRIL ポプリ レッドmix（65）、ベージュmix（47）各10g
- よこ糸
  内藤商事 あむあーむ 茶（2）240g（約9/10玉）

✖ **使用織り機**
スーパーいた織り機のベースにパーツAを組み合わせて使用（幅43〜×長さ40cm）

✖ **セット寸法**
たて糸は3本どりで、20目（幅38×長さ40cm）

✖ **できあがりサイズ**
38×41cm

✖ **作り方**
① 織り機の上下に1cm間隔でピンを刺したら、織り図を参考にして、上下とも右端から2本目のピンから1本おきにたて糸をかける。
② よこ糸1本どりで織りすすめ、織りあがったら織り機からはずして糸端を始末する。
③ 右端から8目目までのたて糸の上に、アクセントを入れる。同じたて糸1本どりでよこ糸を交互にすくい、糸を少し浮かせて、表面に見えるようにしながらステッチして仕上げる。

＊織り方と糸端の始末は44〜47ページを参照。

▶ **Point** ◀
よこ糸はとじ針に通らないので、たて糸に通すときは指で作業します。割れやすい糸なので、詰めるときもフォークではなく指を使ったほうがきれいに仕上がります。今回はおざぶ用にしっかりよこ糸を詰めて仕上げましたが、ザックリ織るとたて糸がもっとよく目立ち、よりかわいい表情になります。

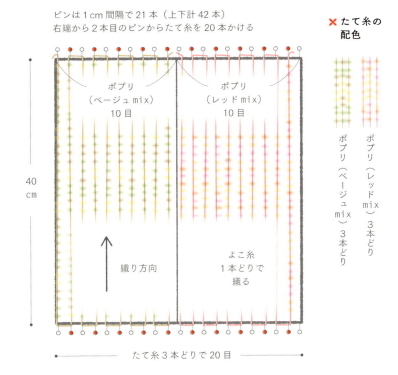

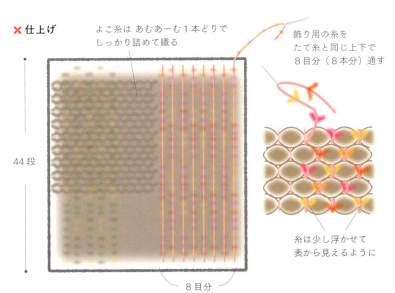

colorful ozabu
of the +felt
＋フェルトのカラフルおざぶ

>>> 33ページ

✖ **使用糸**
■たて糸
ハマナカ ドゥー！ ベージュ（9）、ライトグリーン（2）、ピンク（11）各約60ｇ（3/5玉〜よこ糸含む））
50×50㎝角のフェルトシート（厚さ2㎜）1枚
幅3×40㎝、幅3×50㎝にカットし、各7枚ずつ用意する。
■よこ糸
ハマナカ ドゥー！ ベージュ（9）、ライトグリーン（2）、ピンク（11）

✖ **その他の材料**
布用ボンド（貼り仕事）

✖ **使用織り機**
スーパーいた織り機のベースにパーツBを組み合わせて使用（幅43〜×長さ50㎝）

✖ **セット寸法**
たて糸は2本どり（糸）と1本どり（フェルト）を合わせて計23目（幅37×長さ50㎝）

✖ **できあがりサイズ**
46×46㎝（フリンジ含む）

✖ **作り方**
① 織り図を参考に、ピンを刺しながら毛糸のたて糸をかける。
② たて糸用のフェルトは長さ40㎝と50㎝を図のように貼り合わせ、織り機にピンでとめる。
③ よこ糸は2本どりで、図を参考に色を変えて織りすすめる。
④ 織りあがったら、糸端はすべて2目1組（2段）で結んで、糸端を始末する。
⑤ 織り機からはずしたら、フェルトの端を裏側に折りたたみ、よこ糸の間を通して、端を布用ボンドで貼りとめて仕上げる。

＊織り方と糸端の始末は44〜49ページを参照。

✖ **Point**
フェルトはピンにかからないので、織り機の縁にピンを刺して固定します。ボンドでフェルト同士を接着したとき、はがれやすい場合は、上から当て布をして、アイロンで接着を。

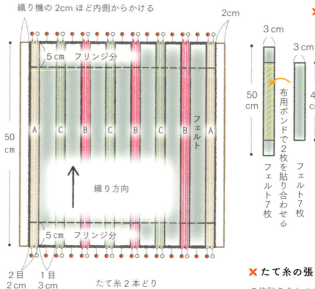

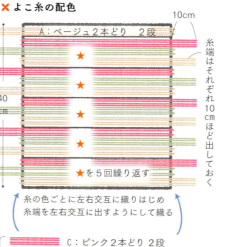

mixture bubble
ミックスバブル
>>> 34ページ

✕ 使用糸
すべてAVRIL
■たて糸&よこ糸
　チャイナツイスト　ピンクベージュ（12）
　40ｇ（大・中・小各1枚ずつ）
　ミックスツイスト　カカオ（105）50ｇ、
　（大2枚、中1枚）
　ガウディ　グリン（16）、グリンティ（34）
　各30ｇ（大各1枚、中各1枚）
　ガウディ　エメラルド（176）10ｇ（中1
　枚）
　BFリング　ライム（04）、キャメル（12）
　各10ｇ（小各1枚）

✕ その他の材料
布用ボンド（貼り仕事）、手縫い糸

✕ 使用織り機
直径12cm（大）、10cm（中）、7cm（小）のサークルいた織り機（それぞれ円周を20度ごとに分割して対角線を引く［18分割］）

✕ セット寸法
たて糸は、大中小ともに1本どりで18目（織り機に対角線状にかけていく）

✕ できあがりサイズ
モチーフ大…直径約13cm、中…直径約11cm、小…直径約8cm
上記をつなげた作品のサイズ…最大40×40cm

✕ 作り方
① 3種類のサイズの織り機の周囲に、それぞれピンを18本刺す。
② たて糸をかけたら、最初の1～2段はよこ糸2本どりでしっかり詰めて織り、その後4本どりに変えて最後まで織る。
③ 織りあがったら、糸端を始末する。7色の糸で大のモチーフ5枚、中のモチーフ5枚、小のモチーフ3枚を織る。
④ ③を重ねながら並べる。布用ボンド少々で仮止めしたら、重なり合っている縁をまつり縫いし、つなげて仕上げる。

＊織り方と糸端の始末は51～53ページを参照。

✕ 織り図
＊直径7・10・12cmのサークルいた織り機使用

【大】直径12cm 計5枚

たて糸のかけはじめとかけ終わりの糸端を隣のピンにかけてからませ、クリップでとめておく

1箇所2本一緒に結んで織りはじめの目印にピンを刺しておく

18本ピンを刺す

たて糸は18目かける

よこ糸は織り機の裏から表に出して、糸端を5cmほど裏に残しておく

よこ糸

★たて糸は大・中・小ともに1本どりで18目かけるピンは18本

【中】直径10cm 計5枚

【小】直径7cm 計3枚

✕ よこ糸の織り方
よこ糸は糸を2つ折りにして2本どりにし、輪っかのほうをとじ針に通して2本どりで織りはじめ、その後4本どりにして最後まで織る

糸のつぎ足しはわっかでつぎ足し最後までつぎ足しのないよう長めにして織る

★織り機の上でクルクル糸を巻いて織り機より気持ち大きいくらい巻くとほぼ必要量になる

✕ まとめ方
モチーフを重ねて好みの形を作ったらところどころ布用ボンドで仮どめし、重なり合っている縁の部分を表・裏面ともまつり縫いで縫いとめる

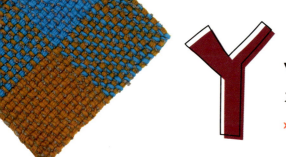

Y with a nut and a dusk color
木の実と黄昏色で
>>> 35ページ

✕ 使用糸
すべてハマナカ
- たて糸
  ドゥー！ 青（5）、からし色（10）各100g（1玉〜よこ糸含む）
- よこ糸
  ドゥー！ 青（5）、からし色（10）、ソノモノループ ダークブラウン（53）40g（1玉）

✕ その他の材料
2.4cm角のウッドボタン3個、手縫い糸

✕ 使用織り機
スーパーいた織り機のベースにパーツAを組み合わせて使用（幅43〜×長さ40cm）

✕ セット寸法
たて糸は3本どりで22目（幅36×長さ40cm）

✕ できあがりサイズ
35×40cm

✕ 作り方
① 織り機にたて糸をかけたら、よこ糸2本どりで、織り図を参考に糸を変えながら織りすすめる。
② 織りあがったら、糸端を始末する。
③ 袋口3カ所にボタンを縫いつけて仕上げる。

*織り方と糸端の始末は57〜60ページを参照。

▶ Point ◀
よこ糸2本はからまりやすく、よれやすいので、それぞれにとじ針を通して1本ずつ織るようにするのがポイント。よれても直しやすく、糸を通す作業もスムーズになります。

★よこ糸同士が絡みやすいので
それぞれにとじ針を通して織る

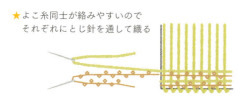

✕ 織り図
*スーパーいた織り機ベース＋パーツA使用

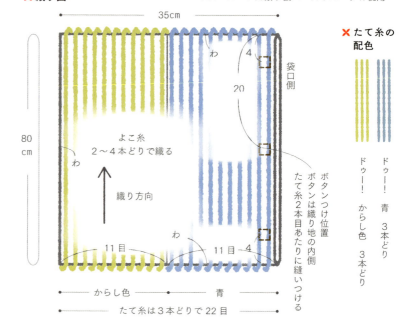

✕ たて糸の配色
ドゥー！ からし色 3本どり
ドゥー！ 青 3本どり

✕ よこ糸の配色
A ドゥー！青1 ソノモノループ1 2本どり
B ドゥー！からし色1 ソノモノループ1 2本どり

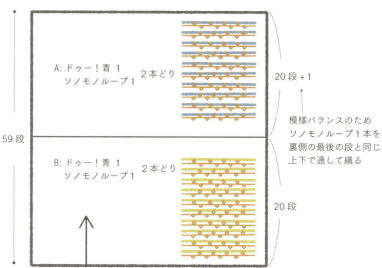

ozabu of mouton and fur
sunset / bambi

ムートン & ファーおざぶ サンセット／バンビ

>>> 36〜37ページ

✗ 使用糸
sunset
- たて糸、よこ糸ともにフェイクムートン 137cm幅を80cm
たて糸用に幅10×85cmを8枚、よこ糸用に幅10×55cmを8枚カットする。

bambi
- たて糸、よこ糸ともにアニマルファー バンビ柄 150cm幅を90cm
たて糸用は生地の縦方向に幅10×85cmを8枚、よこ糸用は横方向に幅10×55cmを8枚カットする。

✗ その他の材料
布用ボンド（貼り仕事）、手縫い糸

✗ 使用織り機
スーパーいた織り機のベースにパーツAを組み合わせて使用（幅43〜×長さ40cm）

✗ セット寸法
たて糸は1本どりで8目（幅40×長さ40cm）

✗ できあがりサイズ
sunset 38×40cm、bambi 39×41cm

✗ 作り方
① たて糸用にカットした布地を両側から少し引っぱり、左右の端を内側に折りたたんで幅5cm程度に整える。形がつきづらい場合は要所要所を布用ボンドでとめる。
② ①を織り機の上下にピンで刺してとめていく。両端は同じ長さが余るようにセットし、余りは織り機の裏側に回しておく。
③ たて糸同様、よこ糸の形を整えながら、②に交互に通して織る。
④ すべて織ったら全体の形を整え、形が崩れないよう、周囲の織り地（たて糸とよこ糸が交差している部分）を要所要所で縫いとめる。
⑤ 織り機からはずし、糸端を織り目に通して形を整える。要所要所を縫いとめ、必要な場合は布用ボンドも使って仕上げる。

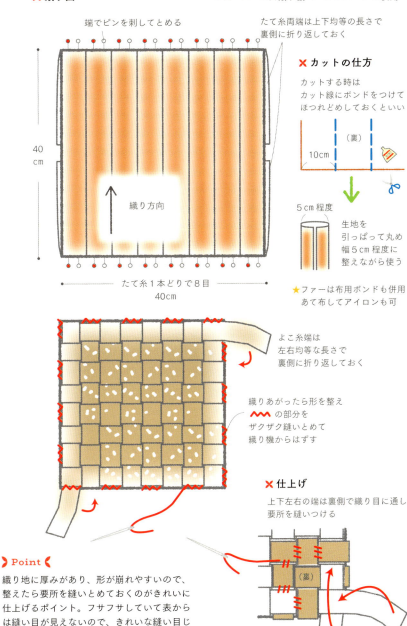

Staff

編集・執筆	蔭山はるみ
撮影	蜂巣文香
デザイン	大橋千恵（yoshi-des.）
作り方イラスト	坂井きよみ

Thanks to the cooperation!

素材・用具協力（50音順）

糸協力

●AVRIL（アヴリル）
　＊本社
　京都府京都市左京区一乗寺高槻町20-1
　TEL.075-724-3550
　＊AVRIL吉祥寺店
　東京都武蔵野市吉祥寺本町2-34-10
　TEL.0422-22-7752
　http://www.avril-kyoto.com

●株式会社 ダイドーフォワード パピー事業部
　東京都千代田区外神田3-1-16 ダイドーリミテッドビル3階
　TEL.03-3257-7135
　http://www.puppyarn.com

●内藤商事株式会社
　東京都中央区東日本橋3丁目13-1
　TEL.03-3665-7110（代）
　http://www.naitoshoji.co.jp

●ハマナカ株式会社
　京都府京都市右京区花園薮ノ下町2番地の3
　TEL.075-463-5151（代）
　http://www.hamanaka.co.jp

●メルヘンアート株式会社
　東京都墨田区横網2-10-9
　TEL.03-3263-3760
　http://www.marchen-art.co.jp

糸、用具協力

●クロバー株式会社
　大阪府大阪市東成区中道3丁目15番5号
　TEL.06-6978-2277（お客様係）
　http://www.clover.co.jp

●横田株式会社・DARUMA
　大阪府大阪市中央区南久宝寺町2-5-14
　TEL.06-6251-2183
　http://www.daruma-ito.co.jp/

フサフサ、もこもこの
あったか系から、
裂き織りや自然素材の夏仕様まで

ダンボール織り機で、手織りざぶとん

NDC 754

2018年11月20日　発　行
2019年2月25日　第2刷

著　者	蔭山はるみ
発行者	小川雄一
発行所	株式会社 誠文堂新光社

　〒113-0033　東京都文京区本郷3-3-11
　（編集）電話03-5800-5751
　（販売）電話03-5800-5780
　http://www.seibundo-shinkosha.net/
印刷・製本　図書印刷 株式会社

©2018,Harumi Kageyama.

Printed in Japan 検印省略
禁・無断転載
落丁・乱丁本はお取り替え致します。

本書の掲載記事の無断転用を禁じます。また、本書に掲載された記事の著作権は著者に帰属します。これらを無断で使用し、展示・販売・レンタル・講習会などを行うことを禁じます。

本書のコピー、スキャン、デジタル化等の無断複製は、著作権法上での例外を除き、禁じられています。本書を代行業者等の第三者に依頼してスキャンやデジタル化することは、たとえ個人や家庭内での利用であっても著作権法上認められません。

JCOPY 〈（一社）出版者著作権管理機構　委託出版物〉
本書を無断で複製複写（コピー）することは、著作権法上での例外を除き、禁じられています。本書をコピーされる場合は、そのつど事前に、（一社）出版者著作権管理機構（電話 03-5244-5088／FAX 03-5244-5089／e-mail:info@jcopy.or.jp）の許諾を得てください。

ISBN978-4-416-71830-8